광화문에서 읽다 거닐다 느끼다

광화문에서
읽다 거닐다 느끼다

광화문글판 문안선정위원회 엮음

교보문고

머리글

광화문글판, 문화 아이콘이 되다

하루 평균 통행객이 100만 명에 달하는 광화문 사거리에는 도심을 바쁘게 오가는 사람들에게 잠시나마 휴식을 선사하는 특별한 것이 있다. 가로수처럼 1년에 4차례, 계절이 바뀔 때마다 옷을 갈아입는 '광화문글판'이다. 교보생명 본사 외벽에 내걸린 광화문글판은 광화문의 얼굴이라 불린다. 가로수 꼭대기 위로 보이는 서른 자 남짓의 메시지는 빌딩숲 속 사람들의 발걸음을 붙잡고, 때로는 시의적절한 위로도 건넨다.

광화문글판은 1991년 1월, 교보생명 창립자인 대산 신용호 선생의 제안으로 시작됐다. '우리 모두 함께 뭉쳐 경제 활력 다시 찾자'라는 첫 글귀처럼 표어와 격언 등이 이어지던 메시지는 1997년 말 국제통화기금(IMF) 외환위기가 닥치면서 변화하기 시작했다. 절망과 고통을 겪는 국민을 위로하고 응원하고자 광화문글판에 시심詩心을 담은 것이다. 1998년 2월 시 〈낯선 곳〉의 일부인 '떠나라 낯선 곳으로 그대 하루하루의 낡은 반복으로부터'라는 문안이 걸리면서 본격적으로 시민들의 입에 오르내리게 되었다.

이후 괴테, 헤르만 헤세, 시인이자 독립운동가인 윤동주와 신경림, 나태주, 정현종, 김사인, 정호승, 문정희 등 당대를 대표하는 시인들의 글귀가 광화문글판을 채웠다. 격언에서 현인과 문학인으로 이어지던 메시지는 시대가 바뀌며 대중문화인과 함께 새로운 시도를 이어갔다. 2010년 힙합 뮤지션 키비의 노래 가사를 시작으로 2020년 광화문글판 30년 특별편과 2021년 100번째 글판은 BTS와 협업했다. 특히 100번째 글판에는 BTS 멤버들이 직접 쓴 문구 '춤만큼은 마음가는 대로 허락은 필요 없어'를 담았다.

그리고 2025년에는 광화문글판 35년을 기념해 넷플릭스에서 큰 인기를 얻은 드라마 〈폭싹 속았수다〉와 콜라보를 진행했다. 가정의 달 5월에 '아빠의 겨울에 나는 녹음이 되었다. 그들의 푸름을 다 먹고 내가 나무가 되었다'라는 드라마 속 내레이션을 실은 특별 글판을 게재한 것이다. 아이에게 아낌없이 주고 헌신하는 부모의 사랑과 이를 먹고 자라는 자식을 나무에 비유한 표현은 광화문을 거니는 많은 사람의 마음을 촉촉하게 적셔주었다.

이렇듯 오랜 시간 광화문글판은 때로는 시와 소설에 담긴 문학 언어를, 때로는 노래 가사 속 대중의 언어를 담아 그곳을 오가는 이들에게 따뜻한 위로와 희망의 메시지를 건네왔다. 1997년 IMF 외환위기로 온 국민이 고통과 절망을 겪을 때도, 2020년 코로나19 팬데믹으로 일상이 제약을 받아 암울했던 시기에도 광화문글판은 묵묵히 한자리에서 강력한 울림을 주며 사람들과 소통해 왔다. 휘황찬란한 전광판 사이에서 서른 자 남짓의 글귀를 담은 광화문글판은 묵직한 영향력을 발휘했다.

시민들의 사랑 속에서 35년이나 이어온 이 독특한 소통 매체는 수많은 기업과 기관에도 영감을 주었다. 피곤한 몸을 싣는 출퇴근 지하철에, 우연히 찾은 화장실 문에, 어느 골목 낡은 담벼락에 누군가의 마음에 닿길 바라며 붙인 글판들이 늘어갔다. 어느새 광화문 글판은 시詩가 흐르는 서울을 상징하는 문화 아이콘으로 자리 잡았다.

가슴을 두드리는 글귀에서 광화문글판으로

오랜 시간 한자리를 지키며 우리네 마음을 다독인 광화문글판은 어떻게 만들어질까?

계절의 변화에 따라 새 옷을 입는 광화문글판의 글귀는 시인, 소설가, 평론가, 카피라이터, 언론인 등 다양한 인사로 구성된 '광화문글판 문안선정위원회'와 시민 참여를 통해 선정된다. 시민과 함께 소통하는 글판을 만들기 위해 문안선정위원회를 구성한 2000년부터 지금의 '광화문글판'이라 부르기 시작했다.

먼저 선정위원이 각자 발굴한 글귀와 시민이 교보생명 홈페이지 등에 응모한 글귀를 종합 심의해 두 편의 최종 후보작을 선정한다. 이 과정에서 여러 차례의 투표와 토론이 이루어진다. 토론 결과와 교보생명 임직원 대상 설문조사를 더해 글귀를 확정한다.

시·소설·수필 등의 문학작품부터 영화 대사·명언·노래 가사에 이르기까지 '좋은 글'이라면 광화문글판을 장식할 수 있다. 다만 길 건너편에서도 한눈에 들어올 만큼 큰 글자여야 하므로, 30~40자 안팎이라는 분량의 제한이 있다. 그러다 보니 아무래도 시가 자주 선정된다.

문안이 확정되면 디자인 전문가에게 새 글판 디자인을 의뢰한다. 어렵게 고른 옷감을 재단하고 바느질해 아름다운 옷을 만드는 단계라고 할 수 있다. 광화문글판에 본격적으로 디자인이라는 개념이 적용된 것은 2004년이다.

초창기 계몽적 문구 위주의 디자인은 2000년 이후 계절 사진을 가미한 글판으로 발전하였고, 2004년을 기점으로 일러스트레이션과 순수 회화, 캘리그래피 등을 활용해 심미성을 추구하기 시작했다. 2015년부터는 광화문글판의 고유성을 유지하되 트렌드를 반영한 다양한 디자인을 시도하며 지금의 글판 디자인이 자리 잡았다. 사진을 활용해 현실성을 불어넣거나, 감성적인 일러스트 작품을 배경으로 글귀를 배치하기도 했고, 작품상을 받은 작가의 그림을 선정해 글판에 담기도 했다. 또 키비, BTS, 넷플릭스 등 대중문화와 결합한 디자인을 통해 책 속 문장에 국한되지 않고 좀 더 자유로운 방식으로 글판의 메시지를 전달했다. 문안이 단순한 글귀에서 보고, 느끼고, 사색할 수 있는 하나의 예술작품으로 거듭나기를 바랐던 고민의 결과인 셈이다.

이제 글자에 생명을 불어넣는 작업이 본격적으로 시작된다. 디자이너가 직접 그림을 그리고 글자를 쓰기도 하고, 글귀의 감성을 더욱 잘 살려줄 예술가를 찾아 작품을 의뢰하기도 한다. 변하지 않는 것은 아직 시도해 보지 않았거나 물리적 제약으로 실현할 수 없었던, 그래서 지금껏 세상에 보여주지 못한 아이디어를 찾기 위해 애쓴다는 사실이다.

이렇게 완성된 30~40종의 시안에서 다시 한번 글귀의 느낌을 고려하여 시각적 아름다움과 대중의 마음을 움직일 수 있는 '착하고 공감을 이끌어내는' 시안을 골라내거나 새로운 시안을 추가하기도 한다. 디자이너가 이 과정을 여러 번 반복하면서 교보생명 담당자 등과 협의해 최종 시안을 확정하는 것으로 디자인 과정이 끝난다.

마음에 드는 옷을 만들었으니 이제는 입을 차례다. 광화문글판은 서울의 광화문과 강남, 그리고 천안, 제주도까지 전국 4개의 글판을 모두 똑같은 디자인으로 제작한다. '플랙스'라는 합성수지 천에 출력하는데 서울 광화문 교보생명 본사 사옥에 걸리는 글판은 신문지 800배 크기로, 글자 하나의 크기만 초등학생 키와 맞먹는다. 때문에 '가로 5m 컬러 프린터'로 4.2m 원단 두 폭에 나눠 출력한다. 이 작업에만 5시간이 소요된다. 두 장의 원단은 고주파 작업으로 접합해 하나로 완성한다.

　이제 본격적인 설치 작업이 시작된다. 4층 높이의 대형 크레인 두 대에 각각 두 명의 작업자가 올라타 벽면의 목재 프레임에 출력된 천을 고정한다. 광화문 사옥은 설치에 4~5시간이 필요하다. 한 가지 신경 써야 할 점은 계절에 따라 설치 시간을 달리해야 한다는 것이다. 합성 재질의 천은 열을 받으면 말랑말랑해지는 성질이 있어, 햇빛을 받으면 천이 늘어나고 햇빛이 없으면 천이 수축한다. 따라서 일조량이 적은 겨울과 봄에는 주로 낮에 글판을 설치하고 반대인 여름과 가을에는 저녁에 설치한다.

　책에 담기거나 음반과 드라마 속 음성으로 사람들의 가슴을 두드리던 글귀는 많은 사람의 노력과 열정을 담아 '광화문글판'으로 다시 탄생한다. 그리고 새롭게 탄생한 광화문글판은 한결같이 희망과 위로를 전한다.

차례

4   머리글

1부 광화문에서 읽다
우리 곁에 광화문글판

18   광화문글판 문안선정위원 인터뷰 _김연수, 안희연, 요조, 유희경, 장재선

2부 광화문에서 거닐다
우리가 사랑한 글판

봄, 움트다

44   폭싹 속았수다 · 넷플릭스
46   라일락 · 허수경
48   내 몸속에 잠든 이 누구신가 · 김선우
50   단짝 · 김선태
52   공부 · 김사인
54   사랑 · 전봉건
56   너에게 쓴다 · 천양희
58   떨어져도 튀는 공처럼 · 정현종
60   오래된 물음 · 김광규

64	새로운 길 · 윤동주
66	봄 · 최하림
68	마흔 번째 봄 · 함민복
70	깨끗한 빗자루 · 박남준
72	그래도라는 섬이 있다 · 김승희
76	풀꽃 · 나태주
78	젠장, 이런 식으로 꽃을 사나 · 이진명
82	그리운 시냇가 · 장석남
84	무제 · 고바야시 잇사
86	하루에 얼마나 많은 일이 일어나는가 · 파블로 네루다
90	봄의 말 · 헤르만 헤세
92	해마다 봄이 되면 · 조병화
94	모든 순간이 꽃봉오리인 것을 · 정현종
96	흔들리며 피는 꽃 · 도종환
98	평화롭게 · 김종삼
100	꽃나무들 · 조태일
104	춘추 · 공자
106	낯선 곳 · 고은

여름, 번지다

110	나는 여름이 좋다 · 이재무
112	정반대 · 캐서린 맨스필드
114	여름 언덕에서 배운 것 · 안희연
118	능금 · 김춘수
122	여름의 할 일 · 김경인

- 126 RUN · 방탄소년단(BTS)
- 132 정지의 힘 · 백무산
- 134 좋은 것 · 김남조
- 136 해질녘 · 채호기
- 138 가는 길 · 김소월
- 140 구부러진 길 · 이준관
- 142 숲 · 정희성
- 144 풍경 달다 · 정호승
- 146 44 · 파블로 네루다
- 148 나의 유산은 · 장석남
- 150 방문객 · 정현종
- 152 자취일기 · 키비
- 156 약리도 · 조정권
- 158 사랑 · 김용택
- 162 빛 · 이시영
- 164 해는 기울고 · 김규동
- 166 내가 사랑하는 사람 · 정호승
- 168 창작 글 · 유종호

가을, 물들다

- 172 20년 후에, 지에게 · 최승자
- 176 자화상 · 윤동주
- 178 가을 들 · 신달자
- 180 빗방울 하나가 5 · 강은교
- 182 Permission to dance · 방탄소년단(BTS)

- 184   풍경 · 시인과 촌장
- 186   벌레 먹은 나뭇잎 · 이생진
- 188   종이비행기 · 오장환
- 190   별 · 신경림
- 192   조용한 일 · 김사인
- 194   휘파람 부는 사람 · 메리 올리버
- 196   어느 날 갑자기 나무는 말이 없고 · 황인숙
- 198   귀뚜라미 우는 밤 · 김영일
- 200   가을 엽서 · 안도현
- 202   약해지지 마 · 시바타 도요
- 204   명언 · 괴테
- 206   대추 한 알 · 장석주
- 208   국화차 · 조향미
- 210   단풍 드는 날 · 도종환
- 212   가을의 기도 · 김현승
- 214   바람의 말 · 마종기
- 216   바람에게도 길이 있다 · 천상병
- 218   지는 잎 보면서 · 박재삼

겨울, 쌓이다

- 222   대화 · 유희경
- 226   이것은 사랑의 노래 · 이원
- 228   어울린다 · 진은영
- 232   겸손 · 이동규
- 234   어부 · 김종삼
- 236   호주머니 · 윤동주

- 238 눈 내리는 저녁 숲가에 멈춰 서서 · 로버트 프로스트
- 240 겨울 들판을 거닐며 · 허형만
- 242 그리고 미소를 · 폴 엘뤼아르
- 244 두 번은 없다 · 비스와바 쉼보르스카
- 248 그리움 · 이용악
- 250 정월의 노래 · 신경림
- 252 새해 첫 기적 · 반칠환
- 254 고래를 위하여 · 정호승
- 256 얼음새꽃 · 곽효환
- 258 겨울 사랑 · 문정희
- 260 아침 · 정현종
- 262 연탄 한 장 · 안도현
- 264 섬진강 11_ 다시 설레는 봄날에 · 김용택
- 266 겨울 아침 · 김달진
- 268 봄 · 이성부
- 270 사람들은 왜 모를까 · 김용택
- 272 최초의 광화문글판

3부 광화문에서 느끼다
서른다섯, 광화문글판

- 274 뚜벅뚜벅, 광화문글판이 걸어온 길
- 290 내가 사랑한 광화문글판 · 시민 에피소드
- 294 광화문에 글꽃을 피운 사람들

광화문에서 읽다
우리 곁에 광화문글판

광화문글판 문안선정위원 인터뷰

김연수

특유의 감성으로 발표하는 작품마다 큰 사랑을 받으며 두터운 팬층을 형성한 소설가 김연수. 그는 《네가 누구든 얼마나 외롭든》, 《원더보이》, 《일곱 해의 마지막》 등의 소설을 통해 끊임없이 청춘의 얼굴과 삶의 무늬를 탐색해 왔다. 또한 34세에 펴낸 산문집 《청춘의 문장들》에서는 흔들리며 성장하는 마음의 풍경을 투명한 문장으로 기록해 많은 사람의 마음을 사로잡았다. 어쩌면 35세가 된 광화문글판과 김연수 소설가의 가장 큰 공통점은 '청춘'이라는 단어가 가장 잘 어울린다는 것일지도 모르겠다.

Q 작가님 근황이 궁금합니다.

소설을 쓰고 책을 읽으며 지내고 있습니다. 소설 쓰기는 장기적인 프로젝트라 잘 되든 잘 안 되든 하루하루에 만족하며 지내는 중입니다. 그 결과로 1년에 한 권 정도의 책이 나왔으면 하지만, 잘 지켜지지는 않는 계획입니다.

Q 광화문글판의 문안선정위원으로 활동 중이십니다. 어떤 마음이신가요?

광화문글판 앞을 지날 때 그저 스쳐 지나가는 문장이 있는가 하면, 잔상이 남는 문장이 있기도 하더라고요. '왜 잔상이 남을까' 생각해 보니 어떤 식으로든 제 과거, 현재와 연결이 되어 있었습니다.

저는 글을 쓰고, 책을 내고, 사람들이 사서 읽고, 그 감상을 받는 일을 합니다. 글을 쓰고 나서 독자들의 삶에 들어가기까지 시간이 좀 걸리는 편이죠. 광화문글판은 문장이 짧아 사람들에게 시각적으로 입력이 됩니다. 다른 사람들의 삶에 즉각적으로 개입하는 것이죠. 처음 문안선정위원 제의를 받았을 때 '어떠한 시기를 사람들과 같이 보낼 수 있는 작업이겠구나'라는 생각이 들어 함께하게 되었습니다.

Q 작가님의 마음에 잔상이 남은 글판은 무엇인가요?

2009년 가을편 문안인 장석주 시인의 〈대추 한 알〉 글판이 유독 마음에 남더라고요. 보통 가을 지나 연말이 다가오면 맥이 빠져버리잖아요. '한 것도 없는데 이렇게 올해가 다 지나가는구나.' 이런 생각을 많이 하니까요. 그런데 이 시는 '아니야, 한 일이 매우 많아'라고 이야기해 주는 것 같더라고요. 제가 대추 같은 존재로서, 지나온 시간과 경험이 제 안에 다 들어가 있다고 이야기해 주는 것 같아서 저를 다독여주는 느낌을 받았습니다.

Q 광화문글판에 올라갈 문안을 선정할 때 가장 중요하게 생각하는 부분이 있을까요?

저는 글의 표현을 중요시합니다. 내용도, 우리가 사는 삶도, 하고 싶은 말도 비슷하지만 그걸 어떻게 표현하느냐가 중요한 것 같아요. 그리고 우리말로 표현하는 것이니 특히 더 아름다우면 좋겠습니다. 좋은 차를 마신 것처럼 입안에서 단 느낌이 날 정도로 좋은 문장이요. 여기에 생각을 하게끔 만드는 문장이었으면 합니다. 처음 봤을 땐 이런 이야기였는데, 지나고 보니 다른 의미가 있었구나, 생각되는 문장이요.

Q 오랜 시간 글을 써오셨습니다. 작가님께 '글쓰기'는 어떤 의미인가요?

저는 글을 생각나는 대로 씁니다. 한 달 정도 지나 글을 다시 보면, 그때 내가 어떤 말을 하고 싶었는지 조금 더 정확히 알게 됩니다. 그럼 주석을 달거나 메모하면서 글을 고치게 되죠. 그렇게 내가 정확하게 하고 싶었던 말을 연습해 나가는 거예요.

그러다 보면 우리의 정체성이 언어로 되어 있음을 알게 됩니다. 상대방은 보통 나의 행동으로 나를 파악해요. 그런데 나 자신은 언어로 파악합니다. 그간의 기록을 통해 내가 어떤 사람인지를 알게 되죠. 심지어 언어는 계속 고칠 수 있습니다. 언어를 고치면서 나의 정체성도 점점 바뀌게 되죠. 그래서 글은 궁극적으로 나를 설명하는 일과도 같습니다.

Q 언어를 통해 정체성도 점점 바뀐다고 하셨는데요, 자신을 한 문장으로 표현한다면 무엇이라 생각하시나요?

'고치는 사람'이라고 표현하고 싶습니다. 특히 저는 연필을 좋아하기 때문에 '연필로 고치는 사람'이라고 말하고 싶네요.

글이 참 좋은 건, 고쳐 쓸 수 있기 때문입니다. 저는 작가가 된 이후 '쓰는' 것보다 '고치는' 것에 큰 매력을 느꼈어요. 저도 처음엔 글을 쓰는 것에 매력을 느꼈습니다. 자유롭게 제가 표현하고 싶은 걸 쓸 수 있으니까요. 그런데 계속 글을 고치면서 점점 나아지는 글을 보는 기쁨이 더 크더라고요. 그래서 저는 '글을 쓰는 사람'보다는 '글을 계속 고쳐 쓰는 사람'인 것 같습니다.

Q 35년간 자리를 지켜온 광화문글판에 바라는 점이 있다면 무엇인가요?

광화문에서는 정말 많은 행사가 열리잖아요. 그럴 때 광화문글판이 사진에 함께 찍혀 있는 경우가 있더라고요. 그걸 보면서 '광화문글판이 역사를 보여주기도 하겠구나'란 생각이 들었습니다. 역사는 계속 흘러갈 텐데 광화문글판이 바뀌는 역사도 같이 연동되어 흘러간다고 생각하니 묘한 기분이 들었습니다. 지금처럼 그 자리에서 역사와 함께 있어 주었으면 좋겠습니다. 그리고 사실, 우리나라 말이 얼마나 아름다운지를 알려주는 것만으로도 크게 기여하고 있다는 생각도 합니다.

안희연

시인 안희연의 언어는 부드러운 숨결처럼 다가와, 한 줄의 시가 곧 하나의 풍경이 되는 순간을 만들어낸다. 첫 시집 《너의 슬픔이 끼어들 때》에서 시인은 가장 개인적인 슬픔과 상처를 투명한 언어로 길어 올리며 잊히지 않는 공감과 위로를 선사했다. 산문집 《단어의 집》에서는 우리가 무심히 지나치는 단어들에 빛을 비추며, 언어 속에 깃든 삶의 풍경과 감정을 따뜻하게 기록했다. 사소한 것에도 이야기를 불어넣는 시인의 글은 읽은 이의 마음속에 오래 머무르는 힘을 지녔다.

Q 어떻게 지내시나요?

올해 봄에 산문집 《줍는 순간》을 펴냈습니다. 저를 지금에 있게 하고, 저를 시인으로 만들어 준 '여행'에 관한 20여 년의 기록을 담은 책입니다. 여행지에서 만난 풍경과 사람, 저를 관통해 간 감정과 사유를 담고 있죠. 모쪼록 신간이 나와 전국 동네서점을 방문해 가까이에서 독자들을 만나며 분주한 날들을 보냈답니다. 각지의 동네서점들은 꼭짓점 같아요. 저는 그 점과 점들을 이으며 새로운 도형을 만들어나가는 중이고요. 그렇게 그어진 선들이 끝내 어떤 모양을 이룰지 기대하는 마음으로 일상을 보내고 있습니다. 책을 매개로 점이 선으로, 선이 도형으로 연결되는 과정을 지켜보는 일은 언제나 큰 행복입니다.

Q 분주한 나날들 가운데 광화문글판 문안선정위원회의 새로운 얼굴이 되셨습니다.

2023년 여름에 제 작품 〈여름 언덕에서 배운 것〉의 시구 '가고 있다는 사실만으로도 어떤 시간은 반으로 접힌다. 펼쳐보면 다른 풍경이 되어 있다'가 광화문글판으로 소개되었습니다. 당시에는 여름이 끝나지 않길 바라는 마음까지 들 만큼 큰 영광이었죠. 믿기지 않았고요. 저희 엄마는 모임이 있을 때마다 약속 장소를 광화문으로 잡으셨어요. 광화문글판이 건너다보이는 식당에서 밥을 먹고 자연스레 걸어 나오며 "어머, 저거 우리 딸 문장이잖아!"라고 자랑을 많이 하셨어요. 엄마의 행복을 보는 일이 제 행복이기도 했어요.

그런 문안 선정 작업에 초대해 주셔서 기쁘게 합류했습니다. 2023년 여름에 제가 느꼈던 귀한 마음을 많은 시민과 공유하고 싶다는 생각입니다. 문장이 가진 힘과 아름다움을 알리고 싶다는 사명감도 생기고요. 우리 삶을 환히 밝혀줄 좋은 문장을 소개하기 위해 노력하겠습니다.

Q 광화문글판을 장식해 본 경험이 있는 시인으로서, 시민들에게 새롭게 소개하고픈 문안은 어떤 기준으로 선정하시나요?

첫 번째는 너무 어렵지 않되, 비밀스러움을 품고 있어야 한다는 것입니다. 보는 사람에게 직관적으로 다가가면서도 비밀스러움을 갖고 있어야 '저 문장은 무슨 뜻일까?' 생각할 수 있거든요. 작은 물음표가 포함된 문장을 찾으려 해요.

두 번째는 메시지인데요. 첫 회의에서 위원분들이 어떤 메시지가 전달되면 좋을지 심도 깊게 논의하는 모습을 보며 많이 배우고 느꼈습니다. 앞으로도 희망을 주거나 위로가 되고 성찰을 유도하는, 그러한 메시지도 함께 고민하려 합니다.

Q 계절과 분위기, 시의성, 메시지 등을 고려한 하나의 문장을 고른다는 일이 의미 깊으면서도 참으로 어렵겠다는 생각이 듭니다. 문안선정위원회 활동 중 인상 깊었던 일이 있을까요?

광화문글판 대학생 에세이 공모전 대상 수상자가 문안 선정회의에 참여하곤 하는데, 그때가 특히 좋았습니다. 다양한 세대, 다양한 시선을 경험할 수 있었어요. 저는 이 과정에서 '좋은 대화'의 조건을 생각하게 되고, 경청의 자세를 배웁니다. 문장을 다루는 사람으로서 이 모든 것이 '문장'을 매개로 이루어진다는 사실이 특히 좋았습니다.

Q 시인님께 '광화문글판'은 어떤 의미일지 궁금합니다. 무언가에 견줄 수 있다면 시인님은 어떤 것이 떠오르시나요?

'은빛 동전'이요. 호수에 던져진 동전처럼 우연히 광화문글판에서 마주한 문장 하나가 우리 마음에 잔잔한 파문을 일으키니까요. 그 문장은 마음 깊이 가라앉았다 어느 순간 삶 위로 떠오르기도 합니다. 광화문글판이 이런 교감을 나누는 계기를 만든다고 생각해요.

광화문글판이 광장 한복판에 있다는 점도 상징적입니다. 많은 사람이 모이고 흩어지고 때론 갈등이 벌어지기도 하는 공간에 시의 문장이 자리한다는 건 굉장한 일이죠. 광화문글판은 우리가 살아가면서 추구해야 하는 목표와 잊지 말아야 할 가치를 일깨워줍니다. 그런 의미에서 '곁에 두고 싶은, 곁이 되어주는 이야기'가 아닐까요. 우리 곁에 있다는 것만으로도 큰 의미를 지니는 가족이나 친구처럼요.

Q 인터넷과 스마트폰의 등장, 코로나19 팬데믹 등은 우리 사회의 디지털 전환을 주도했습니다. 그런 가운데 본연의 가치와 모습을 지켜오고 있는 광화문글판은 어떤 의미를 지니고 있을까요?

서로의 얼굴을 들여다보고 안부를 물을 시간조차 허락되지 않는 요즘 같은 시대에는 더더욱 광화문글판의 의미가 중요하다는 생각이 듭니다. 저는 광화문글판이 '느림의 미학'을 구현하고 있다고 생각해요. 글판의 문장을 읽었을 때 의미가 바로 파악되지 않을 수 있거든요. 그건 시의 힘이기도 할 텐데요. 의사소통 도구로서의 언어와는 다른, 보다 확장된 맥락이 만들어진다는 의미일 겁니다. '저 문장은 무슨 뜻일까?' 곱씹어보는 과정 자체에 이미 속도를 지연시키는 힘이 있다고 봐요.

지금도 너무 좋은 기능을 수행하고 있지만, 무엇보다 오래 지속되는 게 중요하다고 생각해요. 계절마다 광화문글판을 통해 우리를 다

녀가는 문장이 있을 때, 우리는 모두 '문장공동체'가 되잖아요. 같은 문장을 공유하는 공동체요. 그 자체가 너무 좋아요. 그래서 광화문 글판이 오래오래 지속되었으면 합니다.

Q 안희연 시인님의 작품을 보며 시인을 꿈꾸는 사람들이 많습니다. 그런 분들에게 한마디 부탁드립니다.

정말 많이 읽고 써봐야 합니다. 그것 외에는 다른 묘책이 없어요. 읽고 쓰기의 과정이 주는 정직성을 믿고 성실하게 지속해 보는 것, 그 이상의 시 쓰기 공부는 없다고 생각해요. 그리고 본인이 가진 목소리를 믿어야 합니다. 누구나 고유한 자신만의 목소리를 가지고 있습니다. 그걸 찾고 가다듬는 연습을 해나가라고 말하고 싶어요.

저는 릴케의 《젊은 시인에게 보내는 편지》를 학생들에게 자주 권합니다. 시인을 꿈꾸는 젊은 청년이 당시 대문호였던 릴케에게 시에 관한 이런저런 조언을 구하는데, 그 청년에게 보낸 릴케의 답장 열 통을 모은 책이에요. 릴케는 이렇게 이야기하죠.

'세상 하늘 아래 시인의 눈으로 보았을 때 낡은 것은 하나도 없다'.

결국 시선의 문제라는 말이죠. 저는 누구나 시인이 될 수 있다고 생각합니다. 자신의 문장을 밖에서 구하려고 하니 어려운 것 같아요. 출발 지점을 '나'로 삼아 보세요. 오늘 내가 느낀 아름다움, 지금 이 순간의 감정, 유년의 기억 등 나로부터 출발하는 이야기는 무궁무진하고 오직 나만이 쓸 수 있는 것이니까요.

요조

노래하는 목소리만큼이나 직접 써 내려간 문장에서도 따뜻한 결이 느껴지는 사람, 요조. 싱어송라이터로서의 활동과 더불어 산문집 《눈이 아닌 것으로도 읽은 기분》, 《만지고 싶은 기분》 등을 통해 삶과 사랑, 고독과 위로에 관한 사유를 섬세하게 기록해 왔다. '책방 무사'의 운영자이기도 한 요조는 언제나 일상 가까이에서 예술을 나누며, 소소한 순간들을 특별한 울림으로 바꾸어 놓는다. 화려하게 꾸미지 않고도 깊이 있는 울림을 전하는 그의 노래와 글은 청자와 독자 모두에게 오래도록 따뜻한 흔적을 남긴다.

Q 작가님 소개 부탁드립니다.

뮤지션이자 작가이고, 작은 책방을 운영하고 있는 요조라고 합니다. '책방 무사'라는 서점은 올해로 10년 차를 맞았습니다. 오랜 시간

제주에서 운영하다가 2025년 4월에 서울 마포구 신촌으로 이전하였습니다. 덕분에 아직까지는 여러 가지로 적응 중입니다. 제주에서 못 해본 행사들도 열심히 추진하면서 여러 작가님과 독자분들을 만나는 기쁨을 만끽 중이기도 하고요.

Q 2024년부터 광화문글판 문안선정위원으로 활동 중이십니다. 가장 좋아하는 글판이 있다면 무엇인가요?

한 편만 꼽기는 매우 어렵습니다만… 최근에 무더위에 지친 나날들을 보내서 그런지 2023년 겨울에 보았던 글판이 생각나네요. 이원 시인의 〈이것은 사랑의 노래〉라는 시의 일부였지요.

'발꿈치를 들어요

첫눈이 내려올 자리를 만들어요'

Q 꽤 오랜 시간 광화문 앞을 자주 오갔고, 글판에서 큰 쉼을 얻었다고 하셨습니다. 평소 광화문글판을 어떻게 생각하셨는지 궁금합니다.

저는 고등학생 시절부터 학교가 근처인 탓에, 종로와 광화문 일대를 매일같이 돌아다니며 살았습니다. 그때부터 보아온 광화문글판은 저에게 광화문, 하면 바로 떠오르는 몇 가지 장면 중 하나입니다. 이제는 시간도 꽤 흘러 점점 더 글판이 각별하고 정답게 여겨지는 느낌입니다. 정말로 오래된 친구 같아요. 그래서 선정위원이 되고 얼마나 신나고 기뻤는지 모릅니다.

Q 광화문글판이 새롭게 옷을 갈아입을 문안을 선정할 때 중심이 되는 기준은 무엇인가요? 그리고 선정위원 활동 중 기억에 남는 에피소드가 있다면 소개 부탁드립니다.

광화문 일대의 공기는 아무래도 바쁘고 정신없는 움직임을 지니고 있기에 이 흐름을 잠시만이라도 멈출 수 있는 힘을 가진 문장을 찾게 됩니다. 그리고 기왕이면 글판을 바라보며 희망과 기쁨, 감사 같은 힘이 되는 감정을 느끼길 소망하고 있습니다.

얼마 전 문안 선정회의에서 두 편의 최종 후보작 중 어떤 문장을 확정할지를 앞둔 상황이었는데요. 제가 어느 한 문장을 집요하게 추천하는 것을 유희경 시인이 물끄러미 보시곤 "지난번 글판에 걸린 내 시를 요조 씨가 추천한 걸로 알고 있는데, 그때도 이렇게 열정적으로 모두를 설득했겠구나 싶어 감동을 받는 중"이라고 말씀해 주셨어요. 그 장면이 계속 기억에 남습니다.

Q 2025년은 광화문글판이 35년이 되는 해입니다. 수많은 차량과 인파 사이에서 존재감을 드러내 온 광화문글판에 바라는 점이 있으신가요?

변하지 않는 가치를 보여주는 존재가 되었으면 합니다. 오랜만에 찾아가도 변하지 않고 그 자리를 지켜온 단골 가게나, 한 곳에서 묵묵하게 일하고 계신 분들을 보면 꼭 '닻' 같다는 느낌을 받습니다. 그런 닻들은 우리가 어딘지도 모른 채 위태롭게 떠밀려가고 있는 것은 아닌지 불안해할 때마다 그 마음을 다잡아주는 역할을 하거든요. 광화문글판에서도 저는 그런 기분을 느끼고 있고요. 앞으로도 계속 그런 기분을 가져갈 수 있었으면 좋겠습니다.

Q 앞으로 광화문글판을 마주하게 될 시민들에게 한마디 부탁드립니다.

   광화문글판은 계절마다 바뀌는 광화문의 보석이라고 생각해요. 그곳을 지나는 분들이 눈과 마음에 이 보석을 양껏 챙기고 끝없이 부유해지셨으면 좋겠습니다.

유희경

늘 같은 자리에 있는 듯하지만 다가서면 매번 다른 빛깔을 띠는 풍경처럼, 시인 유희경의 문장들은 일상 속에서 작은 떨림을 발견하게 한다. 시집 《우리에게 잠시 신이었던》으로 사랑과 상실, 희망과 그늘을 투명한 언어로 길어 올리며 누구나 마음속에 품고 있는 흔들림을 섬세하게 드러낸 그는 산문집 《반짝이는 밤의 낱말들》에서는 시를 읽고 쓰는 사람으로서의 시선을 담아 언어가 어떻게 삶을 위로하고 확장하는지를 다정하게 풀어냈다. 시와 독자가 직접 만나는 시집 전문서점 '위트 앤 시니컬'을 운영하는 시인의 활동은 재치와 진지함으로 동시대 시인들의 목소리를 널리 전하고 시를 사랑하는 이들의 발걸음을 모아준다.

Q 시인 유희경의 일상은 어떻게 흘러가고 있나요?

'별일 없이 삽니다'라고 적을 수 있는, 그런 마음이 얼마나 귀한지

체감하며 살고 있습니다. 2016년에 서점을 시작한 이래 제대로 된 휴가도 없이 살았더군요. 때가 되면 책을 펴내고, 크고 작은 일을 도맡아 기획하고 실행하기를 반복하고, 회의하고 쓰고 읽고 하면서 무엇도 예전 같지 않은 요즘에 들어 여력을 찾아보려 노력하고 있습니다.

Q 광화문글판에 담길 글귀를 선정하는 과정에 참여하고 계십니다. 문안선정위원회 활동 소감이 궁금합니다.

묵직한 책임감을 느낍니다. 제게 '광화문글판'은 동경憧憬의 장소였기 때문입니다. 어릴 적부터 시내에 나갈 일이 있을 때마다 글판을 올려다보곤 했습니다. 기억에 남는 문장들을 떠올려보니 제 삶에 커다란 영향을 끼쳤습니다. 저처럼 광화문글판에 적힌 문장을 읽으며 더러 감탄하고 때로 위로를 받으며 '괜찮다', '괜찮을 것이다'라며 의지를 돋울 누군가를 상상하면 좋은 문장을 골라내고 싶어 손끝에 힘이 들어가곤 합니다. 아닌 게 아니라 광화문글판을 보며 자란 아이가 훗날 시인, 소설가가 되고 글판의 문안을 선정하게 되거나, 노벨문학상을 수상할지도 모를 일이죠.

Q 2024년 겨울 글판에 실린 시인님의 작품 〈대화〉에 관한 소개 부탁드립니다.

〈대화〉는 굉장히 집중해서 쓴 시였습니다. 우리가 이상적으로 생각하는 '좋은 대화'를 하게 되면 대화가 끝나고 혼자 남겨졌을 때 허전함을 느끼곤 하잖아요. 대화를 하면 나 자신을 상대방에게 완전히 내어주니까요. 마치 친구랑 헤어지고 나서 버스를 타고 돌아올 때의 허전함 같은 기분이랄까요? 그 기분을 이야기한 시입니다. '너랑 헤어지는데 왜 이렇게 쓸쓸한지 몰라'를 복잡하게 쓴 시예요. 광화문글판에는 〈대화〉의 한 구절이 올라갔지만, 사실 시 전체를 보아야 해당 문장이 주는 느낌을 더 오롯이 받으실 수 있을 거예요.

Q 동경의 장소라고 칭했던 광화문글판을 올려다보며 어떤 생각을 하셨나요?

대한민국 민주주의의 중심이자 문화의 복판이며 수도 서울의 가장 중요한 자리에 삶으로부터 비롯된 문학적 사유가 내걸리는 일은 사실 대단한 사건입니다. 외국의 문학 관계자들과 대화를 하게 될 때마다 저는 광화문글판을 자랑하곤 합니다. 글판이 걸린 건물 안팎의 의미와 건물 안에 있는 서점이 갖는 의미에 대해서도 말이지요. 이야기를 들은 사람들은 대부분 놀라고 부러워하기도 하지요. 광화문 교보생명 빌딩 한켠에 새겨진 "사람은 책을 만들고 책은 사람을 만든다"라는 문장을 기억합니다. 지금 여기 우리의 독창적인 한국어 문화는 그 정신으로부터 비롯되었다고 생각합니다. 광화문 네거리와 종로 1번지라는 공공의 장소성을 지니고, 한국어를 통해, '나'를 '당신'을 '우리'를 의식하고 그 관계성을 설정하고 되짚게 만들어주었으니까요. 광화문글판은 내리 물림해야 할 유산입니다. 모두가 관심을 가지고 아껴주어야 할 보물이고요.

Q 그런 광화문글판을 다섯 글자로 표현한다면 무어라 하실 건가요?

'나라의 국격'이 아닐까요? 외신에서 부러워하는 것 중 하나가 광화문글판이에요. 외국인의 시선에서 광화문은 엄청나게 큰 수도의 중심인데, 그곳에 상업적인 광고가 아닌 시가 걸리는 글판이 있으니까요. 도시 한복판에 시를 걸어 놓는다는 건 이 나라의 근간을 보여준다고 생각합니다. '시가 사랑받는 나라'라는 것에 대한 경외감을 가지더라고요. 그래서 광화문글판을 '나라의 국격'이라고 표현하고 싶습니다.

Q 시집 전문 서점 '위트 앤 시니컬'을 오랜 시간 운영 중이신데요, 이 공간에는 시인님의 어떠한 마음이 담겨 있을까요?

시인들에게 명예의 전당 같은 곳을 만들어주고 싶다는 것이 첫 지향점이었습니다. '내 시집이 저곳에 꽂혔으면 좋겠다'라고 생각하게 만드는 곳이요. 시인들에게 자부심을 심어주는 공간이 되고 싶었고, 10년간 운영해 온 지금 돌이켜보니 어느 정도는 그 목표를 이룬 것 같아요. 시인 분들이 외국에서 온 손님을 이곳에 데리고 오시기도 하거든요. 결론적으로는 시를 좋아하는 사람들을 한데 모이게 하고, 시를 좋아하는 사실에 자부심이 생기는 것, 그것이 저의 목표예요.

Q 시집 서점을 운영 중인 서점지기이자 시인임을 지향하는 사람이라고 스스로를 소개하셨습니다. 어떤 시인으로 남고, 또 기억되고 싶으신가요?

사실 저는 '시인'으로 남기보다는 '시'로 남고 싶습니다. 누군가가 제 시구절이 담긴 광화문글판을 보고 좋음을 느꼈다면, 그 시를 누가 썼는지 기억하지 못해도 충분하다고 생각해요. 그래서 저는 어떤 시인이 된다기보다는 사람들이 무언가를 생각하게 만드는 시를 쓰고 싶습니다. 제가 생각하는 시란 시를 쓰는 사람들이 다른 사람들에게 하는 제안과도 같아요. '이 세계를 이렇게도 바라볼 수 있어'라고 이야기하는 거죠. 제가 제안한 생각이 이 세계에 조금이나마 도움이 되면 좋겠습니다.

장재선

깊고 고요한 물결처럼, 장재선 시인의 문장은 마음속에 오래 머물며 사색을 불러일으킨다. 오랫동안 기자로서 사회의 다양한 이야기를 기록해 온 그는 시와 산문을 통해 인간과 삶에 대한 따뜻한 성찰을 이어왔다. 그의 시집 《기울지 않는 길》에는 흔들림 속에서도 꿋꿋이 걸어가는 존재들의 이야기와 삶이 지닌 인내와 희망의 의미가 단단하게 새겨져 있다. 이어 펴낸 시집 《별들의 위로》에서는 인간의 고단한 하루에 잔잔한 빛을 건네며 독자들의 마음을 위로했다. 현실을 바라보는 날카로운 눈과 언어를 다루는 섬세한 감각은 서로의 세계를 비추며, 그의 작품 세계에 사실성과 깊이를 더한다.

Q 소개 부탁드립니다.

신문사에 재직하며, 여력이 되는대로 시 등 문학 장르 글을 쓰는 장재선입니다. '중헌中軒'이라는 별칭처럼 중용을 지향하며 살고자 합니다.

Q 평소 광화문글판을 어떻게 생각하셨는지, 그리고 문안선정위원회 활동으로 얻거나 느낀 것이 있는지 궁금합니다.

　광화문 광장을 지날 때면 가끔 걸음을 멈추고 광화문글판을 보며 미소 짓곤 했습니다. 저는 글판이 시민에게 온기를 전하며 일상을 부축해 주는 조력자 같다고 생각했습니다. 그리고 해외에서, 타 지역에서 서울을 찾는 이들에게 문화 도시의 품격을 보여주는 표징으로 여겼죠.

　그런 제가 광화문글판 문안선정위원이 되었네요. 글판에 올린 문안을 정하기 위해 모두가 치열하게 토론하는데요, 그 모습이 매번 인상적이었습니다. 직접 선정위원이 되어 활동하기 전까지는 글귀 추천과 선정 과정이 이토록 여러 단계를 거친다는 사실을 몰랐거든요. 다양한 경로로 추천받아 후보로 올라온 문안을 두고 우리 위원들은 늘 난상 토론을 합니다. 마치 자신의 작품을 생산하는 것처럼 모두가 최선을 다한답니다.

Q 광화문글판이 어느새 서른다섯 살이 되었습니다. 앞으로도 시민 곁에서 함께 뚜벅뚜벅 걸어가야 할 시간이 많이 남아 있는데요, 글판이 해냈으면 하는 소임이나 역할이 있을까요?

　지금처럼 그 자리를 오래 지키며 사람들에게 꾸준한 희망을 전해 줬으면 합니다. 매일 정말 많은 사람이 광화문을 오가는데, 그들에게 하나의 명물로 자리 잡아 광화문글판이 서울을 문화도시로 키우는 데 역할을 하기를 바랍니다. 개인적으로는 정기적으로 광화문 광장 혹은 경복궁 뜰 등에서 '글판 백일장'을 열었으면 합니다. 어떤 주제를 주고 글판에 오를만한 문장을 현장에서 쓰고 심사를 통해 선정하는 방식으로 시민 축제를 진행하는 식으로요.

Q 그동안 100개를 훌쩍 넘는 광화문글판이 탄생했습니다. 수많은 글판 중 시인님께서 가장 좋아하는 문구는 무엇인가요?

2025년 특별편으로 교보생명 제주 사옥에 걸린 글귀입니다.

"고찌 글라, 고찌 가. 고찌 글민 백 리 길도 십 리 된다."

'같이 가라, 같이 가. 같이 가면 백 리 길도 십 리가 된다'라는 뜻이죠. 드라마 〈폭싹 속았수다〉에 나온 문장으로, 제주 방언을 글판에 수용한 것이 좋았습니다. 각자도생의 시대에 공동체 온기를 전하는 내용이 광화문글판 취지에 잘 맞는다고도 느꼈습니다. 가능하다면 앞으로 광화문글판에는 전문 작가들의 작품도 좋지만, 시민들이 올린 문장이 더 많이 뽑히기를 바랍니다.

Q 시인인 동시에 기자로도 활동 중이십니다. 기자로서 만난 다양한 사람들 가운데 기억에 남는 인물은 누구인지 궁금합니다.

한센인들이 사는 섬 소록도에서 만난 박성이 간호사님입니다. '마이너리티의 희망'을 연재하던 20여 년 전에 섬을 찾았다가 뵈었습니다. 33년간 한센인 환자들을 보살피셨다는데 얼굴이 그렇게 맑을 수가 없었습니다. 독실한 개신교인이지만 천주교인 환자 할머니와 모녀의 연을 맺고 서로를 아끼며 지내고 계셨죠. 박성이 간호사님 덕분에 저는 취재 중 한센인 환자들의 일그러진 얼굴과 손을 스스럼없이 쓰다듬고 몸을 껴안을 수 있었습니다.

Q 앞으로 광화문글판을 마주하게 될 사람들에게 전하고 싶은 이야기가 있다면 무엇인가요?

바쁘게 걸어야 하는 게 도시의 일상이지만, 글판 앞을 지날 땐 잠깐 멈춰 섰으면 좋겠습니다. 스마트폰을 들여다보던 눈을 글판에 둔 후 고개를 들어 하늘을 한 번 봤으면 합니다.

2부

광화문에서 거닐다
우리가 사랑한 글판

봄, 움트다

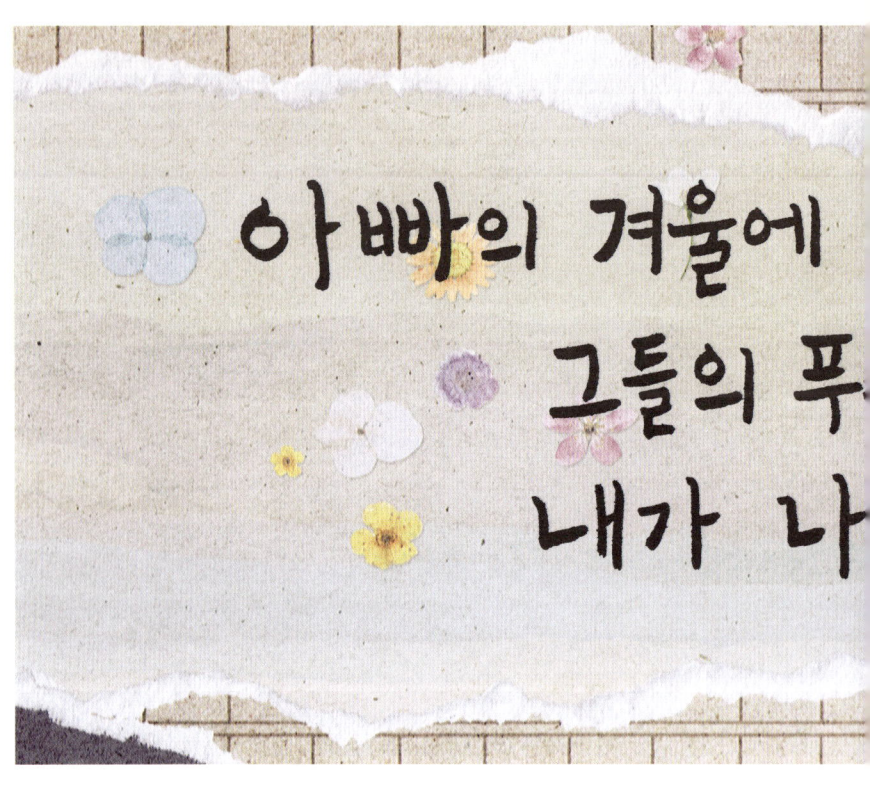

- 2025년 광화문글판 35년 특별편

는 녹음이 되었다.
을 다 먹고
가 되었다.
　　　　　〈폭싹 속았수다〉 중

아빠의 겨울에 나는 녹음이 되었다.
그들의 푸름을 다 먹고
내가 나무가 되었다.

넷플릭스 시리즈 〈폭싹 속았수다〉, 2025

신나게 웃는 거야, 라일락
내 생애의 봄날 다정의 얼굴로

- 2025년 봄

라일락
어떡하지,
이 봄을 아리게
살아버리려면?

신나게 웃는 거야, 라일락
내 생애의 봄날 다정의 얼굴로
날 속인 모든 바람을 향해
신나게 웃으면서 몰락하는 거야

스크랩북 안에 든 오래된 사진이
정말 죽어버리는 것에 대하여
웃어버리는 거야, 라일락,
아주 웃어버리는 거야

공중에서 향기의 나비들이 와서
더운 숨을 내쉬던 시간처럼 웃네
라일락, 웃다가 지네
나의 라일락

허수경 〈라일락〉 | 《누구도 기억하지 않는 역에서》, 문학과지성사, 2016

그대가 밀어 올린 꽃줄기 끝에서
그대가 피는 것인데
왜 내가 이다지도 떨리는지

• 2024년 봄

그대가 밀어 올린 꽃줄기 끝에서
그대가 피는 것인데
왜 내가 이다지도 떨리는지

그대가 피어 그대 몸속으로
꽃벌 한 마리 날아든 것인데
왜 내가 이다지도 아득한지
왜 내 몸이 이리도 뜨거운지

그대가 꽃 피는 것이
처음부터 내 일이었다는 듯이.

김선우 〈내 몸속에 잠든 이 누구신가〉
《내 몸속에 잠든 이 누구신가》, 문학과지성사, 2007

다사로운 봄날
할아버지와 어린 손자가
꼬옥 팔짱을 끼고
아장아장 걸어간다

• 2023년 봄

다사로운 봄날 돌담 길을
늙은 할아버지와 어린 손자가 꼬옥 팔짱을 끼고
서로 뭐라 뭐라 주고받으며 아장아장 걸어간다
순진무구의 시작과 끝인 저들은
세상에 둘도 없는 단짝이다

김선태 〈단짝〉 | 《짧다》, 천년의시작, 2022

'다 공부지요'
라고 말하고 나면
참 좋습니다.
어머님 떠나시는 일
남아 배웅하는 일
'우리 어매 마지막 큰 공부 하고 계십니다'
말하고 나면 나는
앉은뱅이책상 앞에 무릎 꿇은 착한 소년입니다.

어디선가 크고 두터운 손이 와서
애쓴다고 머리 쓰다듬어주실 것 같습니다.
눈만 내리깐 채
숫기 없는 나는
아무 말 못하겠지요만
속으로는 고맙고도 서러워
눈물 핑 돌겠지요만.

날이 저무는 일
비 오시는 일
바람 부는 일
갈잎 지고 새움 돋듯
누군가 가고 또 누군가 오는 일
때때로 그 곁에 골똘히 지켜섰기도 하는 일

'다 공부지요' 말하고 나면 좀 견딜 만해집니다.

김사인 〈공부〉 | 《어린 당나귀 곁에서》, 창비, 2015

지키는 일이다,
지켜보는 일이다
사랑한다는 것은

- 2021년 봄

사랑한다는 것은

열매가 맺지 않는 과목은 뿌리째 뽑고
그 뿌리를 썩힌 흙 속의 해충은 모조리 잡고
그리고 새 묘목을 심기 위해서
깊이 파헤쳐 내 두 손의 땀을 섞은 흙
그 흙을 깨끗하게 실하게 하는 일이다.

그리고
아무리 모진 비바람이 삼킨 어둠이어도
바위 속보다도 어두운 밤이어도
그 어둠 그 밤을 새워서 지키는 일이다.
훤한 새벽 햇살이 퍼질 때까지
그 햇살을 뚫고 마침내 새 과목이
샘물 같은 그런 빛 뿌리면서 솟을 때까지
지키는 일이다. 지켜보는 일이다.

사랑한다는 것은.

전봉건 〈사랑〉 | 《전봉건 시전집》, 문학동네, 2008

꽃 진 자리에 잎 피었다
너에게 쓰고

잎 진 자리에 새가 앉았다
너에게 쓴다

• 2020년 봄

꽃이 피었다고 너에게 쓰고
꽃이 졌다고 너에게 쓴다.
너에게 쓴 마음이
벌써 길이 되었다.
길 위에서 신발 하나 먼저 다 닳았다.

꽃 진 자리에 잎 피었다 너에게 쓰고
잎 진 자리에 새가 앉았다 너에게 쓴다.
너에게 쓴 마음이
벌써 내 일생이 되었다.
마침내는 내 생生 풍화되었다.

천양희 〈너에게 쓴다〉 | 《그리움은 돌아갈 자리가 없다》, 작가정신, 1998

그래 살아봐야지
너도 나도 공이 되어
쓰러지는 법이 없는 둥근 공처럼

• 2019년 봄

그래 살아봐야지
너도 나도 공이 되어
떨어져도 튀는 공이 되어

살아봐야지
쓰러지는 법이 없는 둥근
공처럼, 탄력의 나라의
왕자처럼

가볍게 떠올라야지
곧 움직일 준비 되어 있는 꼴
둥근 공이 되어

옳지 최선의 꼴
지금의 네 모습처럼
떨어져도 튀어오르는 공
쓰러지는 법이 없는 공이 되어.

정현종 〈떨어져도 튀는 공처럼〉 | 《떨어져도 튀는 공처럼》, 문학과지성사, 1984

아이들의 팽팽한 마음
튀어오르는 몸 그 샘솟는 힘은
어디서 오는 것이냐

- 2018년 봄

누가 그것을 모르랴
시간이 흐르면
꽃은 시들고
나뭇잎은 떨어지고
짐승처럼 늙어서
우리도 언젠가 죽는다
땅으로 돌아가고
하늘로 사라진다
그래도 살아갈수록 변함없는
세상은 오래된 물음으로
우리의 졸음을 깨우는구나
보아라
새롭고 놀랍고 아름답지 않으냐
쓰레기터의 라일락이 해마다
골목길 가득히 뿜어내는
깊은 향기
볼품없는 밤송이 선인장이

깨어진 화분 한 귀퉁이에서
오랜 밤을 뒤척이다가 피워낸
밝은 꽃 한 송이
연못 속 시커먼 진흙에서 솟아오른
연꽃의 환한 모습
그리고
인간의 어두운 자궁에서 태어난
아기의 고운 미소는 우리를
더욱 당황하게 만들지 않느냐
맨발로 땅을 디딜까봐
우리는 아기들에게 억지로
신발을 신기고
손에 흙이 묻으면
더럽다고 털어준다
도대체
땅에 뿌리 박지 않고
흙도 몸에 묻히지 않고

뛰놀며 자라는
아이들의 팽팽한 마음
튀어오르는 몸
그 샘솟는 힘은
어디서 오는 것이냐

김광규 〈오래된 물음〉 | 《희미한 옛사랑의 그림자》, 민음사, 1998

내를 건너서 숲으로
고개를 넘어서 마을로
나의 길은 언제나 새로운 길

• 2017년 봄

내를 건너서 숲으로
고개를 넘어서 마을로

어제도 가고 오늘도 갈
나의 길 새로운 길

민들레가 피고 까치가 날고
아가씨가 지나고 바람이 일고

나의 길은 언제나 새로운 길
오늘도…… 내일도……

내를 건너서 숲으로
고개를 넘어서 마을로

윤동주 〈새로운 길〉 | 《별 헤는 밤》, 교보문고, 2017

봄이 부서질까봐
조심조심 속삭였다
아무도 모르게 작은 소리로

• 2016년 봄

영하 20도를 오르내리는 날 아침
하두 추워서 갑자기 큰 소리로
하느님 정말 이러시깁니까 외쳤더니
순식간에 꽁꽁 얼어붙은 공기 조각들이
부서져 큰 소리로 울었다
밤엔 눈이 내리고 강 얼음이 깨지고
버들개지들이 보오얗게 움터 올랐다

나는 다시
왜 이렇게 봄이 빨리 오지라고
이번에는 지난번 일들이
조금 마음이 쓰여서 외치고 싶었으나
봄이 부서질까봐
조심조심 숨을 죽이고
마루를 건너 유리문을 열고 속삭였다
아무도 모르게 작은 소리로
봄이 왔구나
봄이 왔구나라고

최하림 〈봄〉 | 《겨울 깊은 물소리》, 열음사, 1987

꽃 피기 전
봄 산처럼
꽃 핀 봄산처럼

누군가의 가슴
울렁여 보았으면

· 2015년 봄

꽃 피기 전 봄 산처럼
꽃 핀 봄 산처럼
꽃 지는 봄 산처럼
꽃 진 봄 산처럼

나도 누군가의 가슴
한번 울렁여 보았으면

함민복 〈마흔 번째 봄〉 | 《꽃봇대》, 대상, 2011

환하다 봄비
너 지상의 맑고 깨끗한
빗자루 하나

• 2014년 봄

세상의 묵은 때들 적시며 씻겨주려고
초롱초롱 환하다 봄비
너 지상의 맑고 깨끗한 빗자루 하나

박남준 〈깨끗한 빗자루〉 | 《적막》, 창비, 2005

가장 낮은 곳에
그래도라는 섬이 있다
그래도 사랑의 불을 꺼뜨리지 않는 사람들

• 2013년 봄

가장 낮은 곳에
젖은 낙엽보다 더 낮은 곳에
그래도라는 섬이 있다
그래도 살아가는 사람들
그래도 사랑의 불을 꺼트리지 않는 사람들

세상에서 가장 아름다운 섬, 그래도,
어떤 일이 있더라도
목숨을 끊지 말고 살아야 한다고
천사 같은 김종삼, 박재삼,
그런 착한 마음을 버려선 못쓴다고

부도가 나서 길거리로 쫓겨나고
인기 여배우가 골방에서 목을 매고

뇌출혈로 쓰러져
말 한마디 못해도 가족을 만나면 반가운 마음,
중환자실 환자 옆에서도
힘을 내어 웃으며 살아가는 가족들의 마음속

그런 사람들이 모여 사는 섬, 그래도
그런 마음들이 모여 사는 섬, 그래도
그 가장 아름다운 것 속에
더 아름다운 피 묻은 이름,
그 가장 서러운 것 속에 더 타오르는 찬란한 꿈

누구나 다 그런 섬에 살면서도
세상의 어느 지도에도 알려지지 않은 섬,
그래서 더 신비한 섬,
그래서 더 가꾸고 싶은 섬 그래도,
그대 가슴속의 따스한 미소와 장밋빛 체온
이글이글 사랑과 눈이 부신 영광의 함성

그래도라는 섬에서
그래도 부둥켜안고
그래도 손만 놓지 않는다면
언젠가 강을 다 건너 빛의 뗏목에 올라서리라,
어디엔가 걱정 근심 다 내려놓은 평화로운
그래도 거기에서 만날 수 있으리라

김승희 〈그래도라는 섬이 있다〉 | 《그래도라는 섬이 있다》, 마음산책, 2007

자세히 보아야 예쁘다
오래 보아야 사랑스럽다
너도 그렇다

• 2012년 봄

자세히 보아야 예쁘다
오래 보아야 사랑스럽다
너도 그렇다

나태주 〈풀꽃〉 |《쪼끔은 보랏빛으로 물들 때》, 시학, 2005

별안간 꽃이 사고 싶다
꽃을 안 사면
무엇을 산단 말인가

• 2011년 봄

우이동 삼각산 도선사 입구 귀퉁이
뻘건 플라스틱 동이에 몇다발 꽃을 놓고 파는 데가 있다
산 오르려고 배낭에 도시락까지 싸오긴 했지만
오늘은 산도 싫다
예닐곱 시간씩 잘도 걷는 나지만
종점에서 예까지 삼십분을 걸어왔지만
오늘 운동은 됐다 그만두자
산이라고 언제나 산인 것도 아니지
젠장 오늘은 산도 싫구나
산이 날 좋아하는 것도 아니니
도선사 한바퀴 돌고 그냥 내려가자
그런 심보로 도선사 한바퀴 돌고 내려왔는데
꽃 파는 데를 막 지나쳤는데
바닥에 지질러앉아 있던 꽃 파는 아줌마도 어디 갔는데
꽃, 꽃이, 꽃이로구나
꽃이란 이름은 얼마나 꽃에 맞는 이름인가
꽃이란 이름 아니면 어떻게 꽃을 부를 수 있었겠는가
별안간 꽃이 사고 싶다
꽃을 안 사면 무엇을 산단 말인가
별안간 꽃이 사고 싶은 것, 그것이 꽃 아니겠는가

몸 돌려 꽃 파는 데로 다시 가
아줌마 아줌마 하며 꽃을 불렀다
흰 소국 노란 소국 자주 소국
흰 소국을 샀다
별 뜻은 없다
흰 소국이 지저분히 널린 집 안을 당겨줄 것 같았달까
집 안은 무슨, 지저분히 널린
엉터리 자기자신이나 좀 당기고 싶었겠지
당기긴 무슨, 맘이 맘이 아닌
이즈음의 자신이나 좀 위로코 싶었겠지. 자가 위로
잘났네, 자가 위로, 개살구에 뼉다귀
그리고 위로란 남이 해주는 게 아니냐, 어쨌든
흰색은 모든 색을 살려주는 색이라니까 살아보자고
색을 산 건 아니니까 색 갖고 힘쓰진 말자
그런데, 이 꽃 파는 데는 절 들어갈 때 사갖고 들어가
부처님 앞에 올리라고 꽃 팔고 있는 데 아닌가
부처님 앞엔 얼씬도 안 하고 내려와서
맘 같지도 않은 맘에게 안기려고 꽃을 다 산다고라
웃을 일, 하긴 부처님은 항상 빙그레 웃고 계시더라
부처님, 다 보이시죠, 꽃 사는 이 미물의 속

그렇지만 다른 것도 아니고 꽃이잖아요
부처님도 예뻐서 늘 무릎 앞에 놓고 계시는 그 꽃이요
헤헤, 오늘은 나한테 그 꽃을 내어주었다 생각하세요
맘이 맘이 아닌 중생을 한 번 쓰다듬어주었다 생각하세요
부처님, 나 주신 꽃 들고 내려갑니다
젠장, 이런 식으로 꽃을 사다니, 덜 떨어진 꼭지여
비리구나 측은쿠나 비리구나 멀구나

이진명 〈젠장, 이런 식으로 꽃을 사나〉 | 《세워진 사람》, 창비, 2008

내가 반 웃고   당신이 반 웃고
아기 낳으면
마을을 환히 적시리라

• 2010년 봄

내가 반 웃고
당신이 반 웃고
아기 낳으면
돌멩이 같은 아기 낳으면
그 돌멩이 꽃처럼 피어
깊고 아득히 골짜기로 올라가리라
아무도 그곳까지 이르진 못하리라
가끔 시냇물에 붉은 꽃이 섞여내려
마을을 환히 적시리라
사람들, 한잠도 자지 못하리

장석남 〈그리운 시냇가〉 | 《새떼들에게로의 망명》, 문학과지성사, 1991

얼굴 좀 펴게나
올빼미여,
이건 봄비가 아닌가

• 2009년 봄

얼굴 좀 펴게나
올빼미여,
이건 봄비가 아닌가

梟よ
面癖直せ
春の雨

고바야시 잇사, 《한 줄도 너무 길다》, 류시화 엮음, 이레, 2000

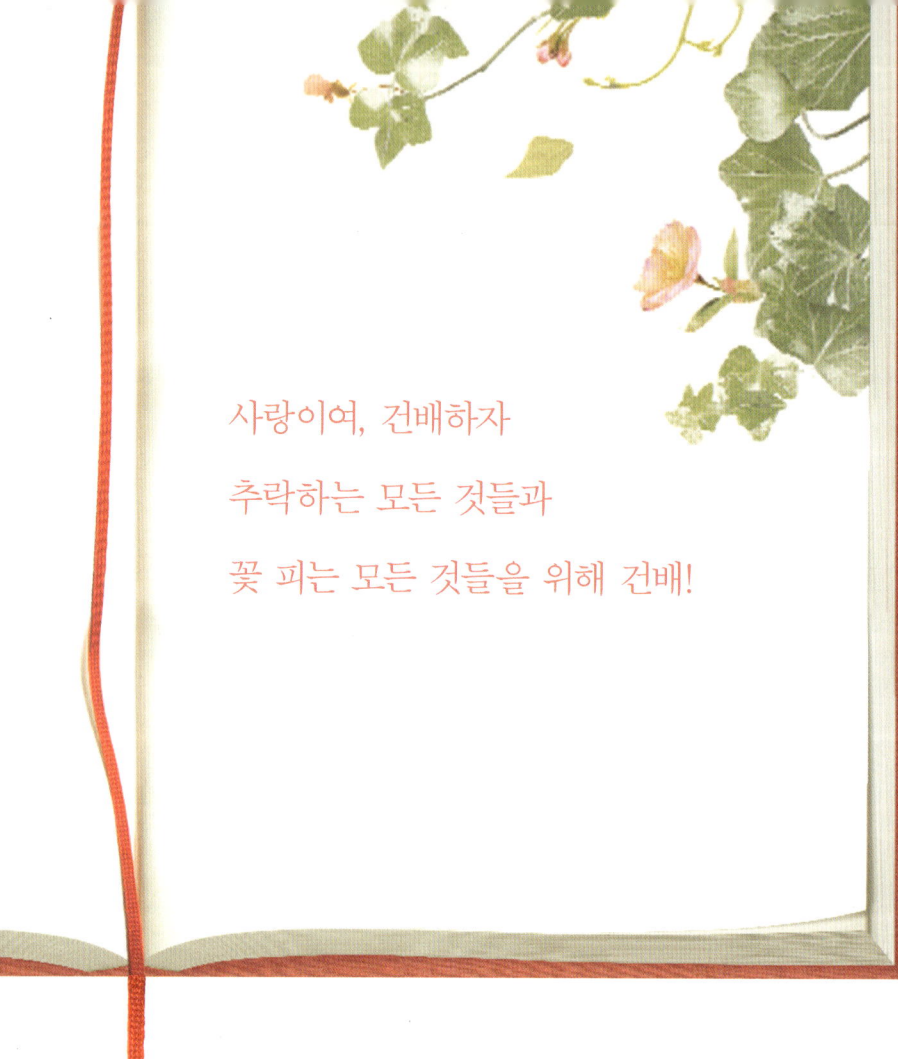

사랑이여, 건배하자
추락하는 모든 것들과
꽃 피는 모든 것들을 위해 건배!

• 2008년 봄

하루가 지나면 우린 만날 것이다.

그러나 하루 동안 사물들은 자라고,
거리에선 포도가 팔리며, 토마토 껍질이 변한다.
또 네가 좋아하던 소녀는 다시는 사무실로 돌아오지 않았다.

사람들이 갑자기 우체부를 바꿔버렸다.
이제 편지는 예전의 그 편지가 아니다.

몇 개의 황금빛 잎사귀, 다른 나무다.
이 나무는 이제 넉넉한 나무다.

옛 껍질을 그대로 지니고 있는 대지가
그토록 변한다고 누가 우리에게 말해주랴?
대지는 어제보다 더 많은 화산을 가졌고,
하늘은 새로운 구름들을 가지고 있다.
또 강물은 어제와 다르게 흐른다.

또, 얼마나 많은 것들이 세워지는가!
나는 도로와 건물들,
배나 바이올린처럼
맑고 긴 교량의 낙성식에 수없이 참석했다.

그러므로 내가 너에게 인사를 하고
화사한 네 입에 입 맞출 때
우리의 입맞춤은 또 다른 입맞춤이요
우리의 입은 또다른 입이다.

사랑이여, 건배하자. 추락하는 모든 것과
꽃피는 모든 것들을 위해 건배.

어제를 위해 그리고 오늘을 위해 건배.
그제를 위해 그리고 내일을 위해 건배.

빵과 돌을 위해 건배.
불꽃과 비를 위해 건배.

변하고, 태어나고, 성장하고
소멸되었다가 다시 입맞춤이 되는 것들을 위해.
우리가 숨쉬고 있다는 것과
이 땅에 살고 있음에 대해 건배.

우리의 삶이 사위어가면
그땐 우리에게 뿌리만 남고
바람은 증오처럼 차겠지.
그땐 우리 껍데기를,
손톱을, 피를, 눈길을 바꾸자꾸나.
네가 내게 입맞추면 난 밖으로 나가
거리에서 빛을 팔리라.

밤과 낮을 위해
그리고 영원의 사계절을 위해 건배.

파블로 네루다 〈하루에 얼마나 많은 일이 일어나는가〉
《인어와 술꾼들의 우화》, 김현균 옮김, 솔, 1995

봄이 속삭인다
꽃 피라
희망하라
사랑하라
삶을
두려워하지 말라

• 2007년 봄

어느 소년 소녀들이나 알고 있다.
봄이 말하는 것을.
살아라, 자라나라, 피어나라, 희망하라, 사랑하라.
기뻐하라, 새싹을 움트게 하라.
몸을 던져 두려워하지 마라!

늙은이들은 모두 봄이 소곤거리는 것을 알아듣는다.
늙은이여, 땅 속에 묻혀라.
씩씩한 아이들에게 자리를 내어 주라.
몸을 내던지고, 죽음을 두려워하지 마라!

헤르만 헤세 〈봄의 말〉 | 《그대를 사랑하기에》, 정경석 옮김, 민음사, 1974

해마다 봄이 되면

　　어린 시절 그 분의 말씀

항상 봄처럼 부지런해라

• 2006년 봄

해마다 봄이 되면
어린 시절 그분의 말씀
항상 봄처럼 부지런해라
땅 속에서, 땅 위에서
공중에서
생명을 만드는 쉼 없는 작업
지금 내가 어린 벗에게 다시 하는 말이
항상 봄처럼 부지런해라

해마다 봄이 되면
어린 시절 그분의 말씀
항상 봄처럼 꿈을 지녀라
보이는 곳에서
보이지 않는 곳에서
생명을 생명답게 키우는 꿈
봄은 피어나는 가슴
지금 내가 어린 벗에게 다시 하는 말이
항상 봄처럼 꿈을 지녀라

오, 해마다 봄이 되면
어린 시절 그분의 말씀
항상 봄처럼 새로워라
나뭇가지에서, 물 위에서, 둑에서
솟는 대지의 눈
지금 내가 어린 벗에게 다시 하는 말이
항상 봄처럼 새로워라.

조병화 〈해마다 봄이 되면〉 | 《조병화 시선-나는 내 어둠을》, 민음사, 1975

내 열심히 그 순간을 사랑할 것을
모든 순간이 다아
꽃봉오리인 것을

• 2005년 봄

나는 가끔 후회한다
그때 그 일이
노다지였을지도 모르는데……
그때 그 사람이
그때 그 물건이
노다지였을지도 모르는데……
더 열심히 파고들고
더 열심히 말을 걸고
더 열심히 귀 기울이고
더 열심히 사랑할걸……

반벙어리처럼
귀머거리처럼
보내지는 않았는가
우두커니처럼……
더 열심히 그 순간을
사랑할 것을……

모든 순간이 다아
꽃봉오리인 것을,
내 열심에 따라 피어날
꽃봉오리인 것을!

정현종 〈모든 순간이 꽃봉오리인 것을〉 | 《사랑할 시간이 많지 않다》, 세계사, 1989

흔들리지 않고 피는 꽃이 어디 있으랴
그 어떤 아름다운 꽃들도
다 흔들리면서 피었나니

• 2004년 봄

흔들리지 않고 피는 꽃이 어디 있으랴
이 세상 그 어떤 아름다운 꽃들도
다 흔들리면서 피었나니
흔들리면서 줄기를 곧게 세웠나니
흔들리지 않고 가는 사랑이 어디 있으랴

젖지 않고 피는 꽃이 어디 있으랴
이 세상 그 어떤 빛나는 꽃들도
다 젖으며 젖으며 피었나니
바람과 비에 젖으며 꽃잎 따뜻하게 피웠나니
젖지 않고 가는 삶이 어디 있으랴

도종환 〈흔들리며 피는 꽃〉 |《사람의 마을에 꽃이 진다》, 문학동네, 1994

하루를 살더라도 평화롭게

이틀 사흘을 살더라도

온 세상이 평화롭게

• 2003년 봄

하루를 살아도
온 세상이 평화롭게
이틀을 살더라도
사흘을 살더라도 평화롭게

그런 날들이
그날들이
영원토록 평화롭게—

김종삼 〈평화롭게〉 | 《김종삼 전집》, 장석주 엮음, 청하, 1990

푸름을 푸름을 들이마시며

터지는 여름을 향해

우람한 꽃망울을 준비하리라

· 2002년 봄

헐벗을 날이 오리라
바람부는 날이 오리라
그리하여 잠시 침묵할 날이 오리라.

겨우내
떨리는 몸 웅크리며
치렁치렁한 머리칼도 잘리고
얼어붙은 하늘 향해
볼 낯이 없어, 피할 길이 없어
말없이 그저 꼿꼿이 서서
떨며 흔들리리라.

푸름을 푸름을 모조리 들이마시며
터지는 여름을 향해
우람한 꽃망울을 준비하리라.

너희들은 아버지를 아버지라 부르고
너희들은 어머니를 어머니라 부르고
너희들은 형님을 형님이라 부르고
너희들은 누나를 누나라 부르고
동생을 동생이라고 처음 부르던
이땅을 부둥켜 안고,

결코 이 겨울을 피하지 않으리라
결코 이땅을 피하지 않으리라.
이 곳 말고 갈 수 있는 땅이
어디 있다더냐.

헐벗을 날이 오더라도
떨 날이 오더라도
침묵할 날이 오더라도.

조태일 〈꽃나무들〉 | 《가거도》, 창비, 1983

봄에 밭을 갈지 않으면
가을에 거둘 것이 없다

• 1998년 봄

일생의 계획은 어린 시절에 달려 있고,
일년의 계획은 봄에 달려 있고,
하루의 계획은 새벽에 달려 있다.
어려서 배우지 않으면 늙어서 아는 것이 없고,
봄에 밭을 갈지 않으면 가을에 바랄 것이 없으며,
아침에 일찍 일어나서 서두르지 않으면
그날 할 일을 하지 못한다.

공자 | 《춘추》에서 발췌, 인용한 글

떠나라

낯선 곳으로

그대 하루하루의

낡은 반복으로부터

• 1998년 봄~여름

떠나라
낯선 곳으로

아메리카가 아니라
인도네시아가 아니라
그대 하루하루의 반복으로부터
단 한번도 용서할 수 없는 습관으로부터
그대 떠나라

아기가 만들어낸 말의 새로움으로
할머니를 알루빠라고 하는 새로움으로
그리하여
할머니조차
새로움이 되는 곳
그 낯선 곳으로

떠나라
그대 온갖 추억과 사전을 버리고
빈주먹조차 버리고

떠나라
떠나는 것이야말로
그대의 재생을 뛰어넘어
최초의 탄생이다. 떠나라

고은 〈낯선 곳〉 | 《내일의 노래》, 창비, 1992

여름, 번지다

여름은 동사의 계절
뻗고, 자라고, 흐르고,
번지고, 솟는다

• 2025년 여름

1
나는 여름이 좋다
옷 벗어 마음껏 살 드러내는,
거리에 소음이 번지는 것이 좋고
제멋대로 자라대는 사물들,
깊어진 강물이 우렁우렁 소리 내어 흐르는 것과
한밤중 계곡의 무명에 신이 엎지른 별빛들 쏟아져 내려
화폭처럼 수놓은 문장 보기 좋아라
천둥 번개 치는 날 하늘과 땅이 만나 한통속이 되고
몸도 마음도 솔직해져 얼마간의 관음이 허용되는
여름엔 절제를 모르는 아이와 같이
나를 마구 들키고 싶고 내 안쪽 고이 숨겨 온 비밀
몰래 누설하고 싶어라
나는 여름이 좋다

2
나는 시끄러운 여름이 좋다
여름은 소음의 어머니
우후죽순 태어나는 소음의 천국
소음은 사물들의 모국어
백가쟁명 하는 소음의 각축장
하늘의 플러그가 땅에 꽂히면
지상은 다산의 불꽃이 번쩍인다
여름은 동사의 계절
뻗고, 자라고, 흐르고, 번지고, 솟는다

이재무 〈나는 여름이 좋다〉 | 《즐거운 소란》, 천년의시작, 2022)

미소 짓는 너의 얼굴은
여름날 장미꽃처럼
가장 따분한 곳까지
향기롭게 해

- 2024년 여름

아, 왈가닥 우리 딸,
미소 짓는 너의 행복한 얼굴은
여름날의 향기로운 장미꽃처럼
가장 따분한 곳마저 향기롭게 만드는구나.

아, 요조숙녀 우리 딸,
사랑스런 우리 아기, 엄마는 흡족해,
우리 딸, 엄마가 안고 있어서.
네가 장식이 아니라서.

캐서린 맨스필드 〈정반대〉 | 《모든 슬픔이 사라진다》, 아리초크, 2024

가고 있다는 사실만으로도
어떤 시간은 반으로 접힌다
　펼쳐보면 다른 풍경이 되어 있다

- 2023년 여름

온전히 나를 잃어버리기 위해 걸어갔다
언덕이라 쓰고 그것을 믿으면

예상치 못한 언덕이 펼쳐졌다
그날도 언덕을 걷고 있었다

비교적 완만한 기울기
적당한 햇살
가호를 받고 있다는 기쁨 속에서

한참 걷다보니 움푹 파인 곳이 나타났다
고개를 들자 사방이 물웅덩이였다

나는 언덕의 기분을 살폈다
이렇게 많은 물웅덩이를 거느린 삶이라니
발이 푹푹 빠지는 여름이라니
무엇이 너를 이렇게 만든 거니

언덕은 울상을 하고서
얼마 전부터 흰토끼 한마리가 보이질 않는다 했다

그 뒤론 계속 내리막이었다
감당할 수 없는 속도로 밤이 왔다
언덕은 자신에게
아직 토끼가 많이 남아 있다는 사실을 모르지 않았지만

고요 다음은 반드시 폭풍우라는 사실
여름은 모든 것을 불태우기 위해 존재하는 계절이라는 사실도
모르지 않았다

우리가 잃어버린 것이 토끼일까
쫓기듯 쫓으며

나는 무수한 언덕 가운데
왜 하필 이곳이어야 했는지를 생각했다

가고 있다는 사실만으로도 어떤 시간은 반으로 접힌다
펼쳐보면 다른 풍경이 되어 있다

안희연 〈여름 언덕에서 배운 것〉 | 《여름 언덕에서 배운 것》, 창비, 2020

• 2022년 여름

우리들 두 눈에 그득히 물결치는
시작도 끝도 없는 바다가 있다

1
그는 그리움에 산다.
그리움은 익어서
스스로도 견디기 어려운
빛깔이 되고 향기가 된다.
그리움은 마침내
스스로의 무게로
떨어져 온다.
떨어져 와서 우리들 손바닥에
눈부신 축제의
비할 바 없이 그윽한
여운을 새긴다.

2
이미 가 버린 그날과
아직 오지 않은 그날에 머물은
이 아쉬운 자리에는
시시각각의 그의 충실만이
익어간다.
보라,
높고 맑은 곳에서
가을이 그에게
한결같은 애무의
눈짓을 보낸다.

3
놓칠 듯 놓칠 듯 숨 가쁘게
그의 꽃다운 미소를 따라가면은
세월도 알 수 없는 거기
푸르게만 고인
깊고 넓은 감정의 바다가 있다.
우리들 두 눈에
그득히 물결치는
시작도 끝도 없는
바다가 있다.

김춘수 〈늪금〉 | 《한국대표시인 101인선집 김춘수》, 문학사상사, 2003

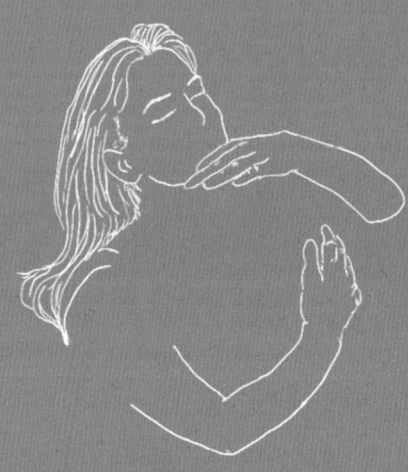

올여름의 할 일은 모르는 사람의 그늘을 읽는 일

• 2021년 여름

올여름은 내내 꿈꾸는 일
잎 넓은 나무엔 벗어놓은 허물들
매미 하나 매미 둘 매미 셋
남겨진 생각처럼 매달린
가볍고 투명하고 한껏 어두운 것
네가 다 빠져나간 다음에야 비로소 생겨나는 마음과 같은

올여름의 할일은
모르는 사람의 그늘을 읽는 일
느린 속도로 열리는 울음 한 송이
둥글고 오목한 돌의 표정을 한 천사가
뒹굴다 발에 채고
이제 빛을 거두어
땅 아래로 하나둘 걸어들어가니
그늘은 둘이 울기 좋은 곳
고통을 축복하기에 좋은 곳

올여름은 분노를 두꺼운 옷처럼 껴입을 것
한 용접공이 일생을 바친 세 개의 불꽃
하나는 지상의 어둠을 모아 가동되는 제철소
담금질한 강철을 탕탕 잇대 만든 길에,
다음은 무거운 장식풍의 모자를 쓴 낱말들
무너지려는 몸통을 꼿꼿이 세운 날카로운 온기의 뼈대에,
또하나는 허공이라는 투명한 벽을 깨며
죽음을 향해 날아오르는 낡은 구두 한 켤레 속에,

그가 준 불꽃을 식은 돌의 심장에 옮겨 지피는
여름, 꿈이 없이는 한 발짝도 나갈 수 없는
그러니까 올여름은 꿈꾸기 퍽이나 좋은 계절

너무 일찍 날아간 새의
텅 빈 새장을 들여다보듯
우리는 여기에 남아
무릎에 묻은 피를 털며
안녕, 안녕,

은쟁반에 놓인 무심한 버터 한 조각처럼
삶이여, 너는 녹아 부드럽게 사라져라

넓은 이파리들이 환해진 잠귀를 도로 연다

올여름엔 다시 깨지 않으리

김경인 〈여름의 할일〉 |《일부러 틀리게 진심으로》, 문학동네, 2020

다시
RUN RUN RU
넘어져도 괜
또 RUN RUN
좀 다쳐도

• 2020년 특별편

방탄소년단 | RUN

넌 내 하나뿐인 태양 세상에 딱 하나
널 향해 피었지만 난 자꾸 목말라
너무 늦었어 늦었어 너 없이 살 순 없어
가지가 말라도 더 힘껏 손을 뻗어

손 뻗어봤자 금세 깨버릴 꿈 꿈 꿈
미칠 듯 달려도 또 제자리일 뿐 뿐 뿐
그냥 날 태워줘 그래 더 밀쳐내줘
이건 사랑에 미친 멍청이의 뜀박질

더 뛰게 해줘
나를 더 뛰게 해줘
두 발에 상처만 가득해도
니 얼굴만 보면 웃는 나니까

다시 Run Run Run 난 멈출 수가 없어
또 Run Run Run 난 어쩔 수가 없어
어차피 이것밖에 난 못해
너를 사랑하는 것밖엔 못해
다시 Run Run Run 넘어져도 괜찮아
또 Run Run Run 좀 다쳐도 괜찮아
가질 수 없다 해도 난 족해
바보 같은 운명아 나를 욕해

(Run)
Don't tell me bye bye
(Run)
You make me cry cry
(Run)
Love is a lie lie
Don't tell me, don't tell me
Don't tell me bye bye

다 끝난 거라는데 난 멈출 수가 없네
땀인지 눈물인지 나 더는 분간 못해 oh
내 발가벗은 사랑도 거친 태풍 바람도
나를 더 뛰게만 해 내 심장과 함께

더 뛰게 해줘
나를 더 뛰게 해줘
두 발에 상처만 가득해도
니 얼굴만 보면 웃는 나니까

다시 Run Run Run 난 멈출 수가 없어
또 Run Run Run 난 어쩔 수가 없어
어차피 이것밖에 난 못해
너를 사랑하는 것밖엔 못해
다시 Run Run Run 넘어져도 괜찮아

또 Run Run Run 좀 다쳐도 괜찮아
가질 수 없다 해도 난 족해
바보 같은 운명아 나를 욕해

추억들이 마른 꽃잎처럼
산산이 부서져가
내 손끝에서 내 발밑에서
달려가는 네 등 뒤로
마치 나비를 쫓듯 꿈속을 헤매듯
너의 흔적을 따라가
길을 알려줘 날 좀 멈춰줘
날 숨 쉬게 해줘

다시 Run Run Run 난 멈출 수가 없어
또 Run Run Run 난 어쩔 수가 없어
어차피 이것밖에 난 못해
너를 사랑하는 것밖엔 못해

다시 Run Run Run 넘어져도 괜찮아
또 Run Run Run 좀 다쳐도 괜찮아
가질 수 없다 해도 난 족해
바보 같은 운명아 나를 욕해

(Run)
Don't tell me bye bye
(Run)
You make me cry cry
(Run)
Love is a lie lie
Don't tell me, don't tell me
Don't tell me bye bye

방탄소년단(BTS) 「RUN」 | 『화양연화 pt.2』, 2015

씨앗처럼 정지하라
꽃은 멈춤의 힘으로
피어난다

2020년 여름

기차를 세우는 힘, 그 힘으로 기차는 달린다
시간을 멈추는 힘, 그 힘으로 우리는 미래로 간다
무엇을 하지 않을 자유, 그로 인해 무엇을 해야 할 것인가를 안다
무엇이 되지 않을 자유, 그 힘으로 나는 내가 된다
세상을 멈추는 힘, 그 힘으로 우리는 달린다
정지에 이르렀을 때, 우리가 달리는 이유를 안다
씨앗처럼 정지하라, 꽃은 멈춤의 힘으로 피어난다

백무산 〈정지의 힘〉 | 《이렇게 한심한 시절의 아침에》, 창비, 2020

읽다 접어둔 책과 막 고백하려는 사랑의 말까지 좋은 건 사라지지 않는다

• 2019년 여름

좋은 건 사라지지 않는다
비통한 이별이나
빼앗긴 보배스러움
사별한 참사람도
그 존재한 사실 소멸할 수 없다

반은 으스름, 반은 햇살 고른
이상한 조명 안에
옛 가족 옛 친구 모두 함께 모였느니

죽은 이와 산 이를
따로이 가르지도 않고
하느님의 책 속
하느님 필적으로 쓰인
가지런히 정겨운 명단 그대로

따스한 잠자리,
고즈넉한 탁상등
읽다가 접어 둔 책과
옛 시절의 달밤,
막 고백하려는 사랑의 말까지
좋은 건
결코 사라지지 않는다

사람 세상에 솟아난
모든 진심인 건
혼령이 깃들기에 그러하다

김남조 〈좋은 것〉 | 《김남조 시 99선》, 선, 2002

태양이 한 마리 곤충처럼
밝게 뒹구는 해질녘,
세상은 한 송이 꽃의 내부

• 2018년 여름

따뜻하게 구워진 공기의 색깔들

멋지게 이륙하는 저녁의 시선

빌딩 창문에 불시착한
구름의 표정들

발갛게 부어오른 암술과
꽃잎처럼 벙그러지는 하늘

태양이 한 마리 곤충처럼 밝게 뒹구는
해질녘, 세상은 한 송이 꽃의 내부

채호기 〈해질녘〉 | 《수련》, 문학과지성사, 2002

앞 강물, 뒷 강물, 흐르는 물은 어서 따라오라고 따라가자고

• 2017년 여름

그립다
말을 할까
하니 그리워

그냥 갈까
그래도
다시 더 한 번

저 산에도 까마귀, 들에 까마귀
서산에는 해 진다고
지저귑니다.

앞강물 뒷강물
흐르는 물은
어서 따라오라고 따라가자고
흘러도 연달아 흐릅디다려.

김소월 〈가는 길〉 | 《진달래꽃》, 시인생각, 2012

구부러진 길이 좋다
들꽃피고
별도 많이 뜨는
구부러진 길 같은 사람이 좋다

• 2016년 여름

나는 구부러진 길이 좋다.
구부러진 길을 가면
나비의 밥그릇 같은 민들레를 만날 수 있고
감자를 심는 사람을 만날 수 있다.
날이 저물면 울타리 너머로 밥 먹으라고 부르는
어머니의 목소리도 들을 수 있다.
구부러진 하천에 물고기가 많이 모여 살 듯이
들꽃도 많이 피고 별도 많이 뜨는 구부러진 길.
구부러진 길은 산을 품고 마을을 품고
구불구불 간다.
그 구부러진 길처럼 살아온 사람이 나는 또한 좋다.
반듯한 길 쉽게 살아온 사람보다
흙투성이 감자처럼 울퉁불퉁 살아온 사람의
구불구불 구부러진 삶이 좋다.
구부러진 주름살에 가족을 품고 이웃을 품고 가는
구부러진 길 같은 사람이 좋다.

이준관 〈구부러진 길〉 | 《부엌의 불빛》, 시학, 2005

제가끔 서 있어도 나무들은
　　　　　　　　숲이었어
그대와 나는 왜
　　　　숲이 아닌가

• 2015년 여름

숲에 가 보니 나무들은
제가끔 서 있더군
제가끔 서 있어도 나무들은
숲이었어
광화문 지하도를 지나며
숱한 사람들이 만나지만
왜 그들은 숲이 아닌가
이 메마른 땅을 외롭게 지나치며
낯선 그대와 만날 때
그대와 나는 왜
숲이 아닌가

정희성 〈숲〉 | 《저문 강에 삽을 씻고》, 창비, 1978

먼 데서 바람 불어와
풍경 소리 들리면
보고 싶은 내 마음이
찾아간 줄 알아라

• 2014년 여름

운주사 와불님을 뵙고
돌아오는 길에
그대 가슴의 처마 끝에
풍경을 달고 돌아왔다
먼데서 바람 불어와
풍경 소리 들리면
보고 싶은 내 마음이
찾아간 줄 알아라

정호승 〈풍경 달다〉 | 《외로우니까 사람이다》, 열림원, 1998

나였던 그 아이는 어디있을까
아직 내 속에 있을까
아니면 사라졌을까

• 2013년 여름

나였던 그 아이는 어디 있을까,
아직 내 속에 있을까 아니면 사라졌을까?

내가 그를 사랑하지 않았다는 걸 그는 알까
그리고 그는 나를 사랑하지 않았다는 걸?

왜 우리는 다만 헤어지기 위해 자라는데
그렇게 많은 시간을 썼을까?

내 어린 시절이 죽었을 때
왜 우리는 둘 다 죽지 않았을까?

만일 내 영혼이 떨어져나간다면
왜 내 해골은 나를 쫓는 거지?

파블로 네루다 〈44〉 | 《질문의 책》, 정현종 옮김, 문학동네, 2013

내 유산으로는
징검다리 같은 것으로 하고 싶어
모두들 건네주고 건네주는

• 2012년 여름

내 유산으로는
징검다리 같은 것으로 하고 싶어
장마 큰물이 덮었다가 이내 지쳐서는 다시 내보여주는,
은근히 세운 무릎 상부같이 드러나는
검은 징검돌 같은 걸로 하고 싶어

지금은,
불어난 물길을 먹먹히 바라보듯
섭섭함의 시간이지만
내 유산으로는 징검다리 같은 것으로 하고 싶어
꽃처럼 옮겨가는 목숨들의
발밑의 묵묵한 목숨
과도한 성냄이나 기쁨이 마셨더라도
이내 일고여덟 형제들 새까만 정수리처럼 솟아나와
모두를 건네주고 건네주는
징검돌의 은은한 부동不動
나의 유산은

장석남 〈나의 유산은〉 | 《고요는 도망가지 말아라》, 문학동네, 2012

사람이 온다는 건
 실은 어마어마한 일이다
한 사람의 일생이 오기 때문이다

• 2011년 여름

사람이 온다는 건
실은 어마어마한 일이다.
그는
그의 과거와
현재와
그리고
그의 미래와 함께 오기 때문이다.
한 사람의 일생이 오기 때문이다.
부서지기 쉬운
그래서 부서지기도 했을
마음이 오는 것이다-그 갈피를
아마 바람은 더듬어볼 수 있을
마음,
내 마음이 그런 바람을 흉내낸다면
필경 환대가 될 것이다.

정현종 〈방문객〉 | 《광휘의 속삭임》, 문학과지성사, 2008

너와 난 각자의 화분에서 살아가지만 햇빛을 함께 맞는다는 것!

- 2010년 여름

헝클어진 이불은 그대로
설거지거리는 어제보다 두 배로
어지간히 먼지 쌓인 방구석을
보고 있는 것만 해도 상당히 괴로워

실은 난 이른 아침 누군가의 목소리에
이불 안에서 빠져나온 기억이 거의 없어
누군가 내게 간단한 아침을 해준다거나
술기운에 잠들었던 속 쓰린 내게
기운 내라며 북엇국을 내주는 달콤한 상상(그 발칙한 착각!)
뭐 이쯤은 괜찮지 않아?
음악을 더 높이며 잠들기 전 미명
그 혼자라는 기분이 모두 사라지길 빌며
오오 그러나 시간이 갈수록 수렁 안으로 빠지는 기분
계속 혼잣말만 늘어나
오오 그럼 난 이제 어떡해
앞으로 남은 삶도 역시 혼자 살아가는 방식으로 그려가

헝클어진 이불은 그대로
설거지거리는 어제보다 두 배로
어지간히 먼지 쌓인 방구석을
보고 있는 것만 해도 상당히 괴로워

하루씩 꼬박꼬박 쌀을 씻고,
밥해 먹는 것 잊지 말라는 어머니의 가르침

음 귀찮은데 이따 밖에서 사 먹지!
몇 시간째 굶고 있다 괜시리 사무치는 당신의 노랫말(밥은 먹었니?
다 됐다 Have you eat)
오 그만 그만 이제 딱 그만큼만
이런 전화에 난 자꾸만 하품만 할 뿐야
실은 안 보이는 당신께 나의 아픈 마음을
감추는 건 비단 나뿐만이 아니라구
홀로 앉은 밥상에 내 머리를 숙인 채
숟가락을 드는 건 사실 좀 끔찍해
노래라도 불러봤으면 좋겠어
밀려드는 쓸쓸함을 쫓기 위해서
말없이 뜨는 상 위의 은색 밥그릇
그리고 재빨리 불을 꺼 좁은 부엌의 불을

이런 날 위해 끓여낸 된장찌개
스스로에게 주는 선물을 잘 간직해

헝클어진 이불은 그대로
설거지거리는 어제보다 두 배로
어지간히 먼지 쌓인 방구석을
보고 있는 것만 해도 상당히 괴로워

거의 한 달 만에 올라가 본 옥상은 여전히 화창하네
물 먹지 못해 메마른 꽃들 그리고 작은 가지 나무
짙은 갈색 화분들이 늘어선 기와 끝으로
하나도 꾸밀 게 없는 옥상의 풍경

파란색 물뿌리개의 손잡일 구부려
깃털 같은 눈보다 바람 부는 하늘보다
여기 훨씬 아름답게 흩날리는 물보라
제각기 다른 화분에서 살아가는
그래서 나와 같은 고독함을 아는
그들의 모습을 발견하곤 깜짝 놀래
서로의 줄기에 기댄 광경을 한참 몰래
지켜보다 새삼스레 뭔가를 깨달아
너와 난 각자의 화분에서 산다고

게다가 내가 너와 같은 건 우린 각자 화분에서
살아가지만 서로에게 기댄다는 것
내가 너와 같은 건 우린 각자 화분에서
살아가지만 햇빛을 함께 맞는다는 것
내가 너와 같은 건 우린 각자 화분에서
살아가지만 서로에게 기댄다는 것

서로에게 기댄다는 것

키비 「자취일기」 | 『에벌루셔널 포엠Evolutional Poems』, 2004

물고기야 뛰어올라라
최초의 감동을 나는 붙잡겠다

• 2009년 여름

물고기야 뛰어올라라
최초의 감동을
나는 붙잡겠다

물고기야 힘껏 뛰어올라라
풀바닥 위에다가
나는 너를 메다치겠다

폭포 줄기 끌어내려
네 눈알을 매우 치겠다 매우 치겠다

조정권 〈약리도〉 | 《허심송》, 영언문화사, 1985

당신의 마음을

애틋이 사랑하듯

우리 사는 세상을

사랑합니다.

• 2008년 여름

당신과 헤어지고 보낸
지난 몇 개월은
어디다 마음 둘 데 없이
몹시 괴로운 시간이었습니다.
현실에서 가능할 수 있는 것들을
현실에서 해결하지 못하는 우리 두 마음이
답답했습니다.
허지만 지금은
당신의 입장으로 돌아가
생각해보고 있습니다.
받아들일 건 받아들이고
잊을 것은 잊어야겠지요.
그래도 마음 속의 아픔은
어찌하지 못합니다.
계절이 옮겨가고 있듯이
제 마음도 어디론가 옮겨가기를
바라고 있습니다.
추운 겨울의 끝에서 희망의 파란 봄이
우리 몰래 우리 세상에 오듯이
우리들의 보리들이 새파래지고
어디선가 또
새 풀이 돋겠지요.
이제 생각해보면
당신도 이 세상 하고많은 사람들 중의
한 사람이었습니다.

당신을 잊으려 노력한
지난 몇 개월 동안
아픔은 컸으나
참된 아픔으로
세상이 더 넓어져
세상만사가 다 보이고
사람들의 몸짓 하나하나가 다 이뻐 보이고
소중하게 다가오며
내가 많이도
세상을 살아낸
어른이 된 것 같습니다.
당신과 만남으로 하여
세상에 벌어지는 일들이 모두 나와 무관하지 않다는 것을
이 세상에 태어난 것을
고맙게 배웠습니다.
당신의 마음을 애틋이 사랑하듯
사람 사는 세상을 사랑합니다.

길가에 풀꽃 하나만 봐도
당신으로 이어지던 날들과
당신의 어깨에
내 머리를 얹은 어느 날
잔잔한 바다로 지는 해와 함께
우리 둘인 참 좋았습니다.
이 봄은 따로따로 봄이겠지요.
그러나 다 내 조국 산천의 아픈
한 봄입니다.
행복하시길 빕니다.
안녕.

김용택 〈사랑〉 | 《맑은 날》, 창비, 1986

내 마음 초록 숲이

굽이치며 달려가는 곳

거기에 바다는 있어라

뛰뛰는 가슴 너는 있어라

2007년 여름

내 마음의 초록 숲이 굽이치며 달려가는 곳
거기에 아슬히 바다는 있어라
뜀뛰는 가슴의 너는 있어라

이시영 〈빛〉 | 《무늬》, 문학과지성사, 1994

가는 데까지 가거라

가다 막히면 앉아서 쉬거라

쉬다 보면 새로운 길이 보이리

• 2005년 여름

운명
기쁨도
슬픔도
가거라

폭풍이 몰아친다
오, 폭풍이 몰아친다
이 넋의 고요

인연
사랑이 식기 전에
가야 하는 것을

낙엽 지면
찬 서리 내리는 것을

당부
가는 데까지 가거라
가다 막히면
앉아서 쉬거라

쉬다보면
보이리
길이

김규동 〈해는 기울고〉 | 《느릅나무에게》, 창비, 2005

나무 그늘에 앉아
다른 사람의 눈물을 닦아주는 모습은
그 얼마나 고요한 아름다움인가

• 2004년 여름

나는 그늘이 없는 사람을 사랑하지 않는다
나는 그늘을 사랑하지 않는 사람을 사랑하지 않는다
나는 한 그루 나무의 그늘이 된 사람을 사랑한다
햇빛도 그늘이 있어야 맑고 눈이 부시다
나무 그늘에 앉아
나뭇잎 사이로 반짝이는 햇살을 바라보면
세상은 그 얼마나 아름다운가

나는 눈물이 없는 사람을 사랑하지 않는다
나는 눈물을 사랑하지 않는 사람을 사랑하지 않는다
나는 한 방울 눈물이 된 사람을 사랑한다
기쁨도 눈물이 없으면 기쁨이 아니다
사랑도 눈물 없는 사랑이 어디 있는가
나무 그늘에 앉아
다른 사람의 눈물을 닦아주는 사람의 모습은
그 얼마나 고요한 아름다움인가

정호승 〈내가 사랑하는 사람〉 | 《외로우니까 사람이다》, 열림원, 1998

시골에선 **별똥**이 보이고
　　도시에선 **시간**이 보인다
　벗이여, 우리도 쉬었다 가자

시골에선 별똥이 보이고
도시에선 시간이 보인다
벗이여, 우리도 쉬었다 가자

유종호 | 광화문글판을 위해 창작한 글

가을, 물들다

이상하지,
　　살아 있다는 건,

　참 아슬아슬하게
　　아름다운 일이란다

• 2025년 가을　2025 광화문글판 대학생 디자인 공모전 대상(조혜준)

지금 네 눈빛이 닿으면 유리창은 숨을 쉰다.
지금 네가 그린 파란 물고기는 하늘 물 속에서 뛰놀고
풀밭에선 네 작은 종아리가 바람에 날아다니고,

이상하지,
살아 있다는 건,
참 아슬아슬하게 아름다운 일이란다.
빈 벌판에서 차갑고도 따스한 비를 맞고 있는 것 같지.
눈만 뜨면 신기로운 것들이
네 눈의 수정체 속으로 헤엄쳐 들어오고
때로 너는 두 팔을 벌려, 환한 빗물을 받으며 미소짓고……
이윽고 어느 날 너는 새로운 눈眼을 달고
세상으로 출근하리라.

많은 사람들을 너는 만날 것이고
많은 사람들이 네 눈물의 외줄기 길을 타고 떠나가리라.
강물은 흘러가 다시 돌아오지 않고
너는 네 스스로 강을 이뤄 흘러가야만 한다.

그러나 나의 몫은 이제 깊이깊이 가라앉는 일. 봐라.
저 많은 세월의 개떼들이 나를 향해 몰려오잖니,
흰 이빨과 흰 꼬리를 치켜들고
푸른 파도를 타고 달려오잖니.
물려 죽지 않기 위해, 하지만 끝내 물려 죽으면서,
나는 깊이깊이 추락해야 해.
발바닥부터 서서히 꺼져들어가며, 참으로
연극적으로 죽어가는 게 실은 나의 사랑인 까닭에.

그리하여 21세기의 어느 하오,
거리에 비 내리듯
내 무덤에 술 내리고
나는 알지

어느 알지 못할 꿈의 어귀에서
잠시 울고 서 있을 네 모습을,
이윽고 네가 찾아 헤맬 모든 길들을,
- 가다가 아름답고 슬픈 사람들을 만나면
그들의 동냥바가지에 너의 소중한 은화 한 닢도
기쁘게 던져 주며
마침내 네가 이르게 될 모든 끝의

시작을!

최승자 〈20년 후에, 지ᄒ에게〉 | 《즐거운 일기》, 문학과지성사, 1984

우물 속에는 달이 밝고
구름이 흐르고 하늘이 펼치고
파아란 바람이 불고
가을이 있습니다

• 2024년 가을   2024 광화문글판 대학생 디자인 공모전 대상(홍산하)

산모퉁이를 돌아 논가 외딴 우물을 홀로 찾아가선 가만히 들여다 봅니다.

우물 속에는 달이 밝고 구름이 흐르고 하늘이 펼치고 파아란 바람이 불고 가을이 있습니다.

그리고 한 사나이가 있습니다.
어쩐지 그 사나이가 미워져 돌아갑니다.

돌아가다 생각하니 그 사나이가 가엾어집니다.
도로 가 들여다보니 사나이는 그대로 있습니다.

다시 그 사나이가 미워져 돌아갑니다.
돌아가다 생각하니 그 사나이가 그리워집니다.

우물 속에는 달이 밝고 구름이 흐르고 하늘이 펼치고 파아란 바람이 불고 가을이 있고 추억처럼 사나이가 있습니다.

윤동주 〈자화상〉 | 《별 헤는 밤》, 교보문고, 2017

삼천 번을 심고
　추수한 후의 가을 들을 보라
이런 넉넉한 종이가 있나

• 2023년 가을
2023 광화문글판 대학생 디자인 공모전 대상(허서연)

삼천 번을 심고 추수하고 다시 삼천 번을 심고 추수한 후의
가을 들을 보라

극도로 예민해진 저 종이 한 장의 고요
바람도 다소곳하게 앞섶 여미며 난다
실상은 천년 인내의 깊이로 너그러운 품 넓은 가슴

나는(飛) 것의 오만이 어쩌다 새똥을 지리고 가면
먹물인가 종이는 습자지처럼 쏘옥 받아들인다

이런 넉넉한 종이가 있나
다 받아주는데도 단 한 발자국이 어려워
입 닫고 고요히 지나가려다 멈칫 서 떨고 있는 초승달.

신달자 〈가을 들〉 | 《종이》, 민음사, 2011

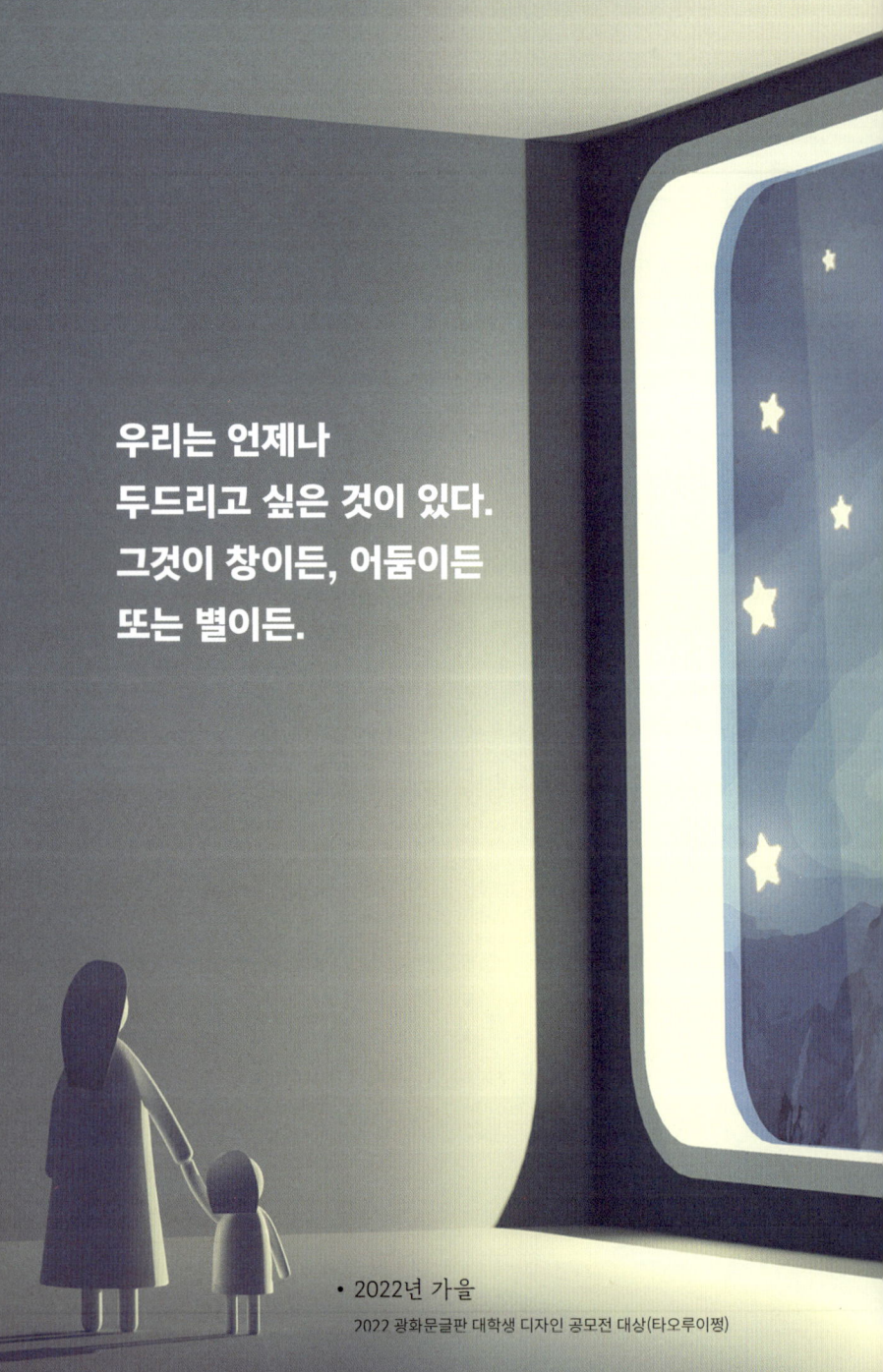

무엇인가가 창문을 똑똑 두드린다.
놀라서 소리 나는 쪽을 바라본다.
빗방울 하나가 서 있다가 쪼르르륵 떨어져 내린다.

우리는 언제나 두드리고 싶은 것이 있다.
그것이 창이든, 어둠이든
또는 별이든.

강은교 〈빗방울 하나가 5〉 |《등불 하나가 걸어오네》, 문학동네, 1999

• 2021년 광화문글판 100호 특별편

방탄소년단(BTS) 「Permission to Dance」 | 『Butter』, 2021

세상 풍경 중에서
제일 아름다운 풍경
모든 것들이 **제자리**로 돌아오는 풍경

• 2020년 광화문글판 30년 기념 특별편
2020 광화문글판 대학생 디자인 공모전 대상(민주영)

세상 풍경 중에서 제일 아름다운 풍경
모든 것들이 제자리로 돌아가는 풍경
세상 풍경 중에서 제일 아름다운 풍경
모든 것들이 제자리로 돌아오는 풍경
우~ 우~ 풍경 우~ 우~ 풍경
세상 풍경 중에서 제일 아름다운 풍경
모든 것들이 제자리로 돌아오는 풍경

우~ 우~ 풍경 우~ 우~ 풍경
세상 풍경 중에서 제일 아름다운 풍경
모든 것들이 제자리로 돌아가는 풍경
세상 풍경 중에서 제일 아름다운 풍경
모든 것들이 제자리로 돌아오는 풍경
풍경 풍경

시인과 촌장 「풍경」 | 『푸른 돛』, 1986

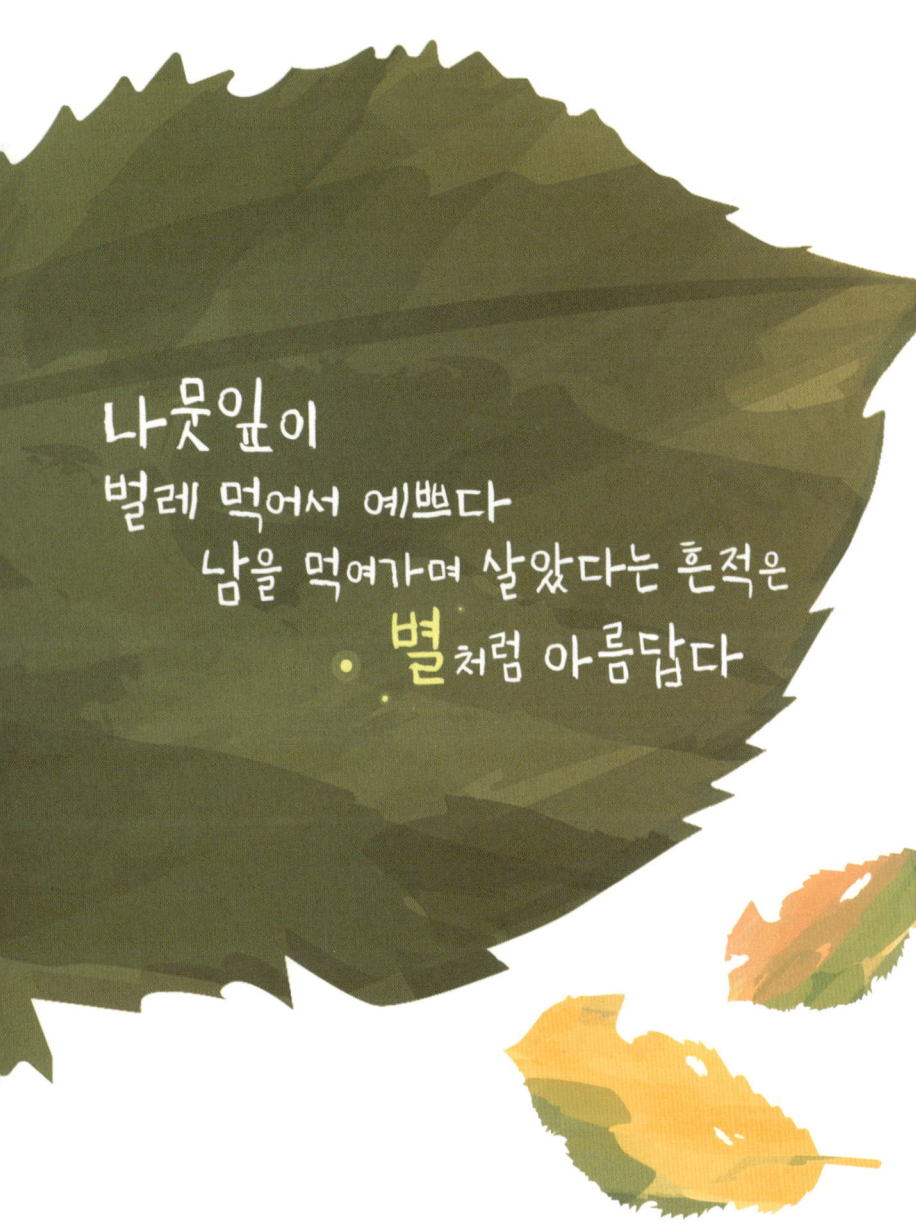

나뭇잎이
벌레 먹어서 예쁘다
남을 먹여가며 살았다는 흔적은
별처럼 아름답다

• 2019년 가을   2019 광화문글판 대학생 디자인 공모전 대상(홍나라)

나뭇잎이
벌레 먹어서 예쁘다
귀족의 손처럼 상처 하나 없이 매끈한 것은
어쩐지 베풀 줄 모르는 손 같아서 밉다
떡갈나무 잎에 벌레 구멍이 뚫려서
그 구멍으로 하늘이 보이는 것은 예쁘다
상처가 나서 예쁘다는 것은 잘못인 줄 안다
그러나 남을 먹여 가며 살았다는 흔적은
별처럼 아름답다

이생진 〈벌레 먹은 나뭇잎〉 | 《기다림》, 지식을만드는지식, 2012

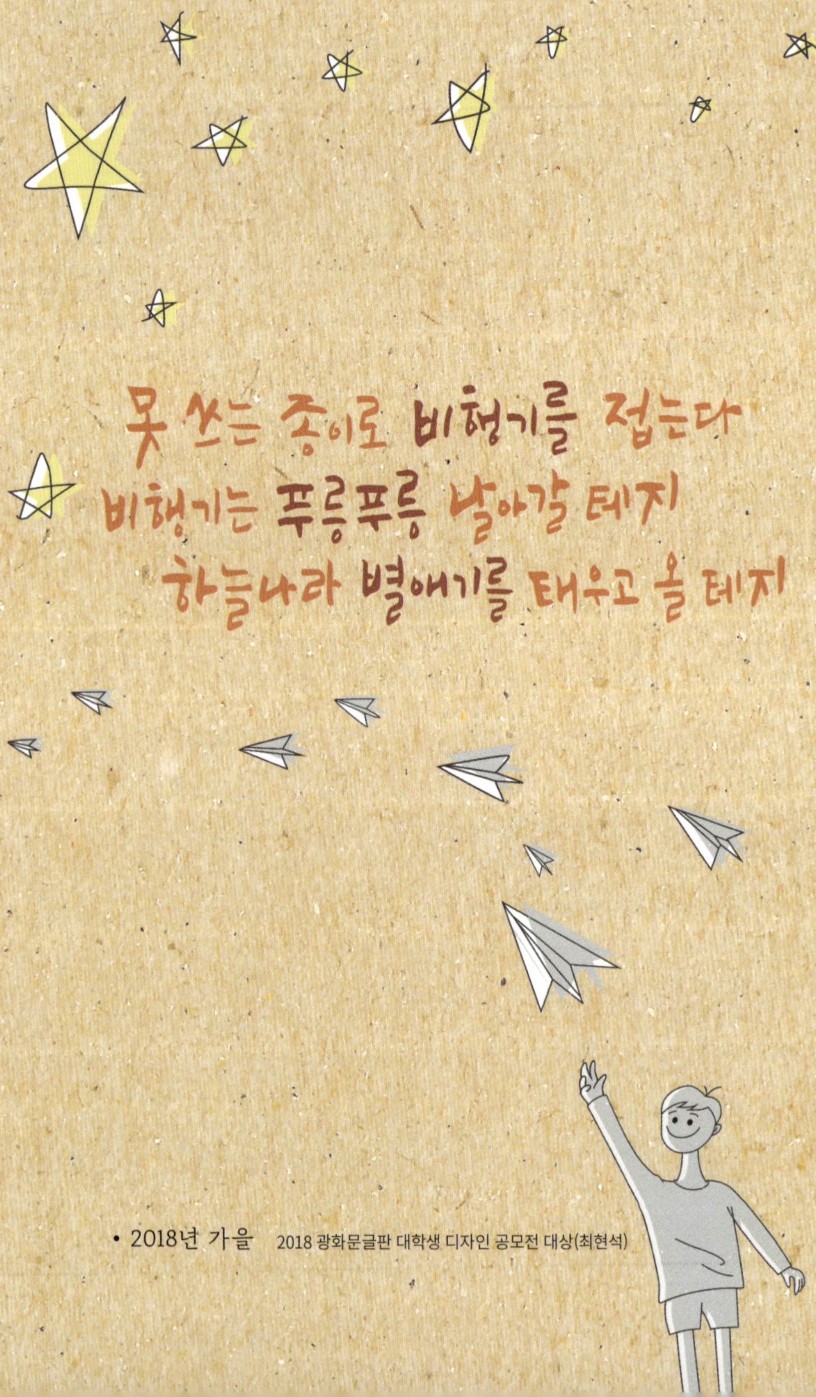

못 쓰는 종이로 비행기를 접는다
비행기는 푸릉푸릉 날아갈 테지
하늘나라 별애기를 태우고 올 테지

• 2018년 가을   2018 광화문글판 대학생 디자인 공모전 대상(최현석)

나하고 분이하고
못 쓰는 종이로
비행기를 접는다.
우리 우리 비행기는
푸룽푸룽 날아갈 테지.
그리고
하늘나라 별 애기를
태우고 올 테지.

오장환 〈종이비행기〉 | 1934년 7월 22일자 〈조선일보〉

반짝반짝 서울 하늘에 별이 보인다
풀과 나무 사이에 별이 보이고
사람들 사이에 별이 보인다

• 2017년 가을

나이 들어 눈 어두우니 별이 보인다
반짝반짝 서울 하늘에 별이 보인다

하늘에 별이 보이니
풀과 나무 사이에 별이 보이고
풀과 나무 사이에 별이 보이니
사람들 사이에 별이 보인다

반짝반짝 탁한 하늘에 별이 보인다
눈 밝아 보이지 않던 별이 보인다

신경림 〈별〉 | 《사진관집 이층》, 창비, 2014

2016 광화문글판 대학생 디자인 공모전 대상(이담윤·서상민)

낙엽 하나 슬며시 곁에 내린다
고맙다
실은 이런 것이 고마운 일이다

• 2016년 가을

이도 저도 마땅치 않은 저녁
철이른 낙엽 하나 슬며시 곁에 내린다

그냥 있어볼 길밖에 없는 내 곁에
저도 말없이 그냥 있는다

고맙다
실은 이런 것이 고마운 일이다

김사인 〈조용한 일〉 | 《가만히 좋아하는》, 창비, 2006

이 우주가 우리에게 준
두 가지 선물
사랑하는 힘과~ 질문하는 능력

• 2015년 가을   2015 광화문글판 대학생 디자인 공모전 대상(최해원)

이 우주에서 우리에겐 두 가지 선물이 주어진다.
사랑하는 능력과 질문하는 능력. 그 두 가지 선물은
우리를 따뜻하게 해주는 불인 동시에
우리를 태우는 불이기도 하다.

지금 이 순간은 아니지만 곧 우리는
새끼 양이고 나뭇잎이고 별이고
신비하게 반짝이는 연못물이다.

메리 올리버, 《휘파람 부는 사람》, 서문, 마음산책, 2015

어느날 나무는 말이 없고
생각에 잠기기 시작한다
하나, 둘
이파리를 떨군다

• 2014년 가을　　2014년 광화문글판 대학생 디자인 공모전 대상(이다희)

햇살 아래 졸고 있는
상냥한 눈썹, 한 잎의 풀도
그 뿌리를
어둡고 차가운 흙에
내리고 있다.
(그런데 참 이상한 일이지만 그곳이 그리워지기도 하는 모양이다.)

어느 날 갑자기 나무는 말이 없고
생각에 잠기기 시작한다.
그리고
하나
둘
(탄식과 허우적댐으로 떠오르게 하는)
이파리를 떨군다.

나무는 창백한 이마를 숙이고
몽롱히
시선의 뿌리를
내리고 있다.
쟁강쟁강 부딪히며
깊어지는 낙엽더미
아래에.

황인숙 〈어느 날 갑자기 나무는 말이 없고〉
《새는 하늘을 자유롭게 풀어놓고》, 문학과지성사, 1988

또로
또로
또로

책 속에 귀뚜라미 들었다
나는 눈을 감고
귀뚜라미 소리만 듣는다

• 2013년 가을

또로 또로 또로
귀뚜라미 우는 밤

가만히 책을 보면
책 속에 귀뚜라미 들었다

나는 눈을 감고
귀뚜라미 소리만 듣는다

또로 또로 또로
멀리 멀리 동무가 생각 난다

김영일 〈귀뚜라미 우는 밤〉 | 《해바라기 얼굴》, 권오삼 엮음, 창비, 1991

낙엽이 지거든 물어보십시오

사랑은 왜
낮은 곳에 있는지를

• 2012년 가을

한 잎 두 잎 나뭇잎이
낮은 곳으로
자꾸 내려앉습니다
세상에 나누어줄 것이 많다는 듯이

나도 그대에게 무엇을 좀 나눠주고 싶습니다

내가 가진 게 너무 없다 할지라도
그대여
가을 저녁 한때
낙엽이 지거든 물어보십시오
사랑은 왜
낮은 곳에 있는지를

안도현 〈가을 엽서〉 | 《그대에게 가고 싶다》, 푸른숲, 2002

있잖아,
　힘들다고
　　한숨짓지 마

햇살과 바람은
한쪽 편만 들지 않아

• 2011년 가을

있잖아, 불행하다고
한숨짓지 마

햇살과 산들바람은
한쪽 편만 들지 않아

꿈은
평등하게 꿀 수 있는 거야

나도 괴로운 일
많았지만
살아 있어 좋았어

너도 약해지지 마

시바타 도요 〈약해지지 마〉 | 《약해지지 마》, 지식여행, 2010

지금 네 곁에 있는 사람,
네가 자주 가는 곳,
네가 읽는 책들이
너를 말해준다

• 2010년 가을

그대가 누구와 만나고 있는가를
내게 말해보라.
그러면 나는 그대에게
그대가 어떤 사람인가를
말해주겠다.

괴테의 명언에서 발췌, 인용

대추가 저절로 붉어질 리는 없다
저 안에 태풍 몇 개
천둥 몇 개, 벼락 몇 개

• 2009년 가을

저게 저절로 붉어질 리는 없다
저 안에 태풍 몇 개
저 안에 천둥 몇 개
저 안에 벼락 몇 개

저게 저 혼자 둥글어질 리는 없다
저 안에 무서리 내리는 몇 밤
저 안에 땡볕 두어 달
저 안에 초승달 몇 날

장석주 〈대추 한 알〉 | 《붉디 붉은 호랑이》, 애지, 2005

찬 가을 한자락이
은은히 내 안으로 스며든다
고마운 일이다~

• 2008년 가을

찬 가을 한 자락이
여기 환한 유리잔
뜨거운 물 속에서 몸을 푼다
인적 드문 산길에 짧은 햇살
청아한 풀벌레 소리도 함께 녹아든다
언젠가 어느 별에서 만나
정결하고 선한 영혼이
오랜 세월 제 마음을 여며두었다가
고적한 밤 등불 아래
은은히 내 안으로 스며든다
고마운 일이다

조향미 〈국화차〉 | 《그 나무가 나에게 팔을 벌렸다》, 실천문학사, 2006

버려야 할 것이

무엇인지 아는 순간부터

나무는 가장 아름답게 불탄다

• 2007년 가을

버려야 할 것이
무엇인지를 아는 순간부터
나무는 가장 아름답게 불탄다

제 삶의 이유였던 것
제 몸의 전부였던 것
아낌없이 버리기로 결심하면서
나무는 생의 절정에 선다

방하착 放下着
제가 키워온,
그러나 이제는 무거워진
제 몸 하나씩 내려놓으면서

가장 황홀한 빛깔로
우리도 물이 드는 날

도종환 〈단풍 드는 날〉 | 《슬픔의 뿌리》, 실천문학사, 2002

가장 아름다운 열매를 위하여
가장 외로운 낙엽을 위하여
오늘을 사랑하게 하소서

• 2006년 가을

가을에는
기도祈禱하게 하소서……
낙엽落葉들이 지는 때를 기다려 내게 주신
겸허謙虛한 모국어母國語로 나를 채우소서.

가을에는
사랑하게 하소서……
오직 한 사람을 택하게 하소서,
가장 아름다운 열매를 위하여 이 비옥肥沃한
시간時間을 가꾸게 하소서.

가을에는
호올로 있게 하소서……

나의 영혼,
굽이치는 바다와
백합百合의 골짜기를 지나,
마른 나뭇가지 위에 다다른 까마귀같이.

김현승 〈가을의 기도〉 | 《김현승 시전집》, 김인섭 엮음, 민음사, 2005

착한 당신, 피곤해도 잊지 말아요
아득하게
멀리서 오는 바람의 말을

• 2005년 가을

우리가 모두 떠난 뒤
내 영혼이 당신 옆을 스치면
설마라도 봄 나뭇가지 흔드는
바람이라고 생각지는 마

나 오늘 그대 알았던
땅 그림자 한 모서리에
꽃 나무 하나 심어 놓으려니
그 나무 자라서 꽃 피우면
우리가 알아서 얻은 모든 괴로움이
꽃잎 되어서 날아가 버릴 거야

꽃잎 되어서 날아가 버린다
참을 수 없게 아득하고 헛된 일이지만
어쩌면 세상 모든 일을
지척의 자로만 재고 살 건가.
가끔 바람 부는 쪽으로 귀 기울이면
착한 당신, 피곤해져도 잊지 마
아득하게 멀리서 오는 바람의 말을

마종기 〈바람의 말〉 | 《안 보이는 사랑의 나라》, 문학과지성사, 1999

바람에게도 길은 있다

　　　　나는 비로소 나의 길을 가느니

길은 언제나 어디에나 있다

• 2003년 가을

강하게 때론 약하게
함부로 부는 바람인 줄 알아도
아니다! 그런 것이 아니다!

보이지 않는 길을
바람은 용케 찾아간다.
바람길은 사통팔달四通八達이다.

나는 비로소 나의 길을 가는데
바람은 바람길을 간다.
길은 언제나 어디에나 있다.

천상병 〈바람에게도 길이 있다〉 | 《천상병 전집: 시》, 평민사, 1996

나뭇잎은 흙으로 돌아갈 때에야
더욱 경건하고
사람들은 적막한 바람속에 서서야
비로소 아름다운가

• 2002년 가을

초봄에 눈을 떴다가
한여름 뙤약볕에 숨이 차도록
빛나는 기쁨으로만 헐떡이던 것이
어느새 황금빛 눈물이 되어
발을 적시누나.

나뭇잎은 흙으로 돌아갈 때에야
더욱 경건하고 부끄러워하고,
사람들은 적막한 바람속에 서서야
비로소 아름답고 슬픈 것인가.

천지가 막막하고
미처 부를 사람이 없음이여!
이제 저 나뭇잎을
우리는 손짓하며 바라볼 수가 없다.
그저 숙이는 목고갯짓으로
목숨은 한풀 꺾여야 한다.
아! 묵은 노래가 살아나야 한다.

박재삼 〈지는 잎 보면서〉 | 《대관령 근처》, 정음사, 1985

ги울, 쌓이다

- 2024년 겨울

오늘은 볕이 좋다
아직
네가 여기 있는 기분

네가 두고 간 커피잔을 씻는다
그런데도
아직 네가 여기 있네
책장에 기대서서
책을 꺼내 읽고 있네
그 책은 안 되는데
안 되는 이유가 뭘까
손이 다 젖도록 나는
생각해본다
그 책은 옛일에서 왔고
누가 두고 간 것일 수도 있다
얼마나 옛일일까
두고 간 사람은 누구일까
그렇다 해서
네가 읽으면 안 될 이유는 무엇인가
나는 젖은 커피잔을 엎어두고
젖은 손을 닦으려 하는데
엎어둔 건 커피잔이 아니었고

곤란하게도
젖은 내 손이었다
커피잔 대신 손을 엎어두었다고
곤란할 이유는 또 무엇인가
젖은 내 손은 옛일과 무관하고
네가 꺼내 읽을 것도 아니다
성립하지 않는 변명처럼
오늘은 볕이 좋다 아직
네가 여기 있는 기분
너는 책에 푹 빠져 있고
손은 금방 마를 것이며
네가 두고 간 커피잔은
어디 있을까 나는
체념한 채 우두커니 서 있었다

유희경 〈대화〉 | 《나와 오기》, 난다, 2024

발꿈치를 들어요
첫눈이 내려올
　　자리를 만들어요

• 2023년 겨울

언덕을 따라 걸었어요 언덕은 없는데 언덕을 걸었어요 나타날지
도 모르잖아요
양말은 주머니에 넣고 왔어요 발목에 곱게 접어줄 거예요 흰 새여
울지 말아요
바람이에요 처음 보는 청색이에요 뒤덮었어요 언덕은 아직 그곳
에 있어요
가느다랗게 소리를 내요 실금이 돼요 한 번 들어간 빛은 되돌아
나오지 않아요
노래 불러요 음이 생겨요 오른손을 잡히면 왼손을 다른 이에게
내밀어요 행렬이 돼요
목소리 없이 노래 불러 허공으로 입술을 만들어요 언덕을 올라요
언덕은 없어요
주머니에 손을 넣어요 새의 발이 가득해요 발꿈치를 들어요 첫눈
이 내려올 자리를 만들어요
흰 천을 열어 주세요 뿔이 많이 자랐어요 무등을 태울 수 있어요
무거워진 심장을 데리고 와요

이원 〈이것은 사랑의 노래〉 | 《사랑은 탄생하라》, 문학과지성사, 2017

• 2022년 겨울

너에게는 내가 잘 어울린다
우리는 손을 잡고 어둠을 헤엄치고
빛속을 걷는다

너에게는 피에 젖은 오후가 어울린다
죽은 나무 트럼펫이
바람에 황금빛 소음을 불어댄다

너에게는 이런 희망이 어울린다
식초에 담가둔 흰 달걀들처럼 부서지는 희망이

너에게는 2월이 잘 어울린다
하루나 이틀쯤 모자라는 슬픔이

너에게는 토요일이 잘 어울린다
부서진 벤치에 앉아 누군가 내내 기다리던

너에게는 촛불 앞에서 흔들리는 흰 얼굴이 어울린다
어둠과 빛을 아는 인어의 얼굴이

나는 조용한 개들과 잠든 깃털,
새벽의 술집에서 잃어버린 시구를 찾고 있다 너에게 어울리는

너에게는 내가 잘 어울린다
우리는 손을 잡고 어둠을 헤엄치고 빛 속을 걷는다

네 손에는 끈적거리는 달콤한 망고들
네 영혼에는 망각을 자르는 가위들이 솟아나는 저녁이 잘 어울린다

너에게는 어린 시절의 비밀이
나에게는 빈 새장이 어울린다
피에 젖은 오후의 하늘로 날아오르는 새들이

진은영 〈어울린다〉 | 《나는 오래된 거리처럼 너를 사랑하고》, 문학과지성사, 2022

겸손은
머리의 각도가 아니라,
마음의 각도다

• 2021년 겨울

고개를 숙인다고 겸손은 아니다.
겸손은 머리의 각도가 아니라 마음의 각도다.

이동규 〈겸손〉 | '이동규의 두줄칼럼', 〈조선일보〉, 2024

살아온 기적이 살아갈 기적이 된다고
사노라면
많은 기쁨이 있다고

• 2020년 겨울

바닷가에 매어둔
작은 고깃배
날마다 출렁거린다
풍랑에 뒤집힐 때도 있다
화사한 날을 기다리고 있다
머얼리 노를 저어 나가서
헤밍웨이의 바다와 노인이 되어서
중얼거리려고

살아온 기적이 살아갈 기적이 된다고
사노라면
많은 기쁨이 있다고

김종삼 〈어부〉 | 《북치는 소년》, 민음사, 1995

넣을 것 없어 걱정이던 호주머니는
겨울만 되면 주먹 두 개 갑북갑북

- 2019년 겨울

넣을 것 없어
걱정이던
호주머니는

겨울만 되면
주먹 두 개 갑북갑북

윤동주 〈호주머니〉 | 《윤동주 전 시집》, 스타북스, 2019

숲은 아름답고 깊지만
내겐 지켜야 할 약속이 있네
아직 가야 할 길이 남아있네

• 2018년 겨울

이 숲이 누구네 숲인지,
난 알 듯해.
숲 주인은 마을에 집이 있어서,
내가 지금 여기 멈춰 선 채
눈 덮이는 자기 숲 바라보는 것도 모를 테지.
내 어린 말은 이상하게 여길 거야.
농가도 없는 데서 이렇게 멈춰 선 것을.
한 해 중 가장 어두운 저녁,
숲과 꽁꽁 얼어붙은 호수 사이에 서서
어린 말이 방울을 딸랑이며
무슨 일이냐고 묻네.
말방울 소리 말고는 스쳐가는 바람 소리뿐.
폴폴 날리는 눈송이 소리뿐.
숲은 무척이나 아름답고 어둡고 깊지만
난 지켜야 할 약속이 있고,
잠자리에 누우려면 한참 더 가야 하네.
한참을 더 가야 한다네.

로버트 프로스트, 《눈 내리는 저녁 숲가에 멈춰 서서》, 살림어린이, 2013

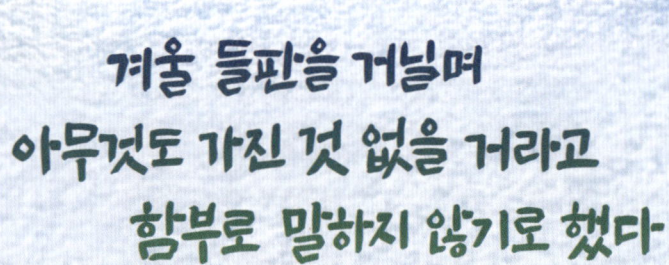

겨울 들판을 거닐며
아무것도 가진 것 없을 거라고
함부로 말하지 않기로 했다

• 2017년 겨울

가까이 다가서기 전에는
아무것도 가진 것 없어 보이는
아무것도 피울 수 없을 것처럼 보이는
겨울 들판을 거닐며
매운 바람 끝자락도 맞을 만치 맞으면
오히려 더욱 따사로움을 알았다
듬성듬성 아직은 덜 녹은 눈발이
땅의 품안으로 녹아들기를 꿈꾸며 뒤척이고
논두렁 밭두렁 사이사이
초록빛 싱싱한 키 작은 들풀 또한 고만고만 모여 앉아
저만치 밀려오는 햇살을 기다리고 있었다
신발 아래 질척거리며 달라붙는
흙의 무게가 삶의 무게만큼 힘겨웠지만
여기서만은 우리가 알고 있는
아픔이란 아픔은 모두 편히 쉬고 있음도 알았다
겨울 들판을 거닐며
겨울 들판이나 사람이나
가까이 다가서지도 않으면서
아무것도 가진 것 없을 거라고
아무것도 키울 수 없을 거라고
함부로 말하지 않기로 했다.

허형만 〈겨울 들판을 거닐며〉 | 《비 잠시 그친 뒤》, 문학과지성사, 1999

열려 있는 손이 있고
주의 깊은 눈이 있고
나누어야 할 삶, 삶이 있다

• 2016년 겨울

밤은 결코 완전한 것이 아니다
내가 그렇게 말하기 때문에
내가 그렇게 주장하기 때문에
슬픔의 끝에는 언제나
열려 있는 창이 있고
불 켜진 창이 있다
언제나 꿈은 깨어나듯이
충족시켜야 할 욕망과 채워야 할 배고픔이 있고
관대한 마음과
내미는 손 열려 있는 손이 있고
주의 깊은 눈이 있고
함께 나누어야 할 삶,
삶이 있다

폴 엘뤼아르 〈그리고 미소를〉 | 《세상에서 가장 아름다운 시 111선》, 푸르름, 2013

두 번은 없다
반복되는 하루는 단 한 번도 없다
그러므로 너는 아름답다

• 2015년 겨울

두 번은 없다. 지금도 그렇고
앞으로도 그럴 것이다. 그러므로 우리는
아무런 연습 없이 태어나서
아무런 훈련 없이 죽는다.

우리가, 세상이란 이름의 학교에서
가장 바보 같은 학생일지라도
여름에도 겨울에도
낙제란 없는 법.

반복되는 하루는 단 한 번도 없다.
두 번의 똑같은 밤도 없고,
두 번의 한결같은 입맞춤도 없고,
두 번의 동일한 눈빛도 없다.

어제, 누군가 내 곁에서
네 이름을 큰 소리로 불렀을 때,
내겐 마치 열린 창문으로
한 송이 장미꽃이 떨어져 내리는 것 같았다.

오늘, 우리가 이렇게 함께 있을 때,
난 벽을 향해 얼굴을 돌려버렸다.
장미? 장미가 어떤 모양이었지?
꽃이었던가, 돌이었던가?

힘겨운 나날들, 무엇 때문에 너는
쓸데없는 불안으로 두려워하는가.
너는 존재한다―그러므로 사라질 것이다
너는 사라진다―그러므로 아름답다

미소 짓고, 어깨동무하며
우리 함께 일치점을 찾아보자.
비록 우리가 두 개의 투명한 물방울처럼
서로 다를지라도…….

비스와바 쉼보르스카 〈두 번은 없다〉 | 《끝과 시작》, 문학과지성사, 2007

눈이 오는가 북쪽엔
함박눈 쏟아져 내리는가
너를 남기고 온 작은 마을에도

• 2014년 겨울

눈이 오는가 북쪽엔
함박눈 쏟아져 내리는가

험한 벼랑을 굽이굽이 돌아간
백무선白茂線 철길 위에
느릿느릿 밤새워 달리는
화물차의 검은 지붕에

연달린 산과 산 사이
너를 남기고 온
작은 마을에도 복된 눈 내리는가

잉크병 얼어드는 이러한 밤에
어쩌자고 잠을 깨어
그리운 곳 차마 그리운 곳

눈이 오는가 북쪽엔
함박눈 쏟아져 내리는가

이용악 〈그리움〉 | 《이용악 시전집》, 창비, 1988

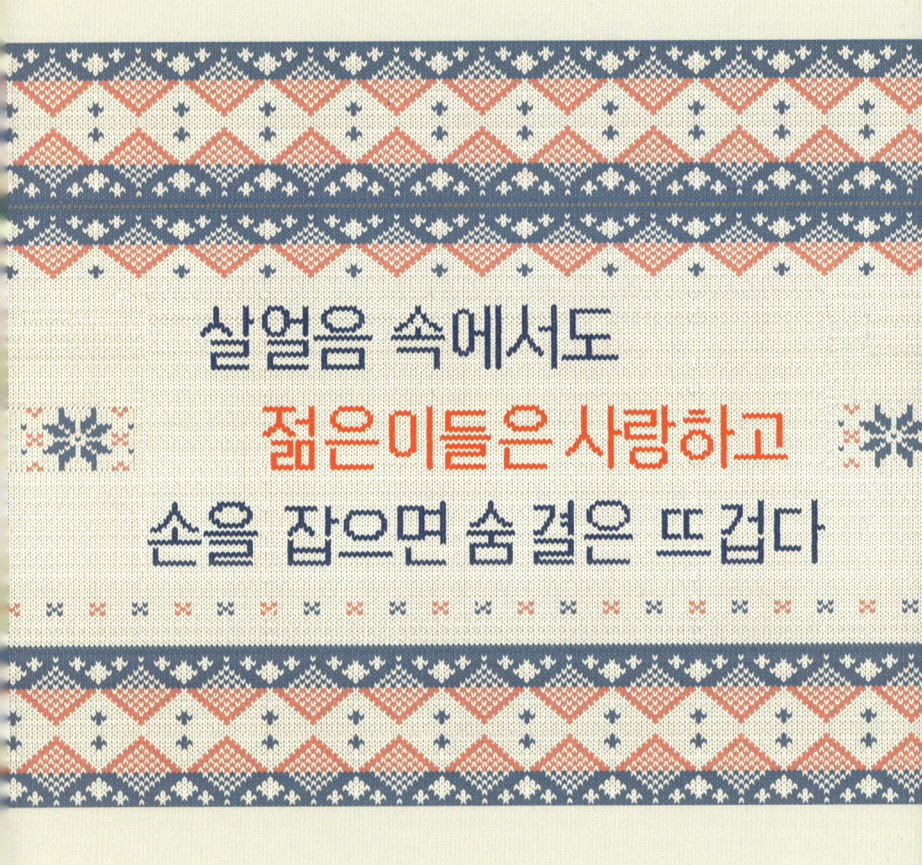

- 2013년 겨울

눈에 덮여도
풀들은 싹트고
얼음에 깔려서도
벌레들은 숨쉰다

바람에 날리면서
아이들은 뛰놀고
진눈깨비에 눈 못 떠도
새들은 지저귄다

살얼음 속에서도
젊은이들은 사랑하고
손을 잡으면
숨결은 뜨겁다

눈에 덮여도
먼동은 터오고
바람이 맵찰수록
숨결은 더 뜨겁다

신경림 〈정월의 노래〉|《달넘세》, 창비, 1985

황새는 날아서
말은 뛰어서 달팽이는 기어서
새해 첫날에 도착했다

• 2012년 겨울

황새는 날아서
말은 뛰어서
거북이는 걸어서
달팽이는 기어서
굼벵이는 굴렀는데
한날 한시 새해 첫날에 도착했다

바위는 앉은 채로 도착해 있었다

반칠환 〈새해 첫 기적〉 | 《웃음의 힘》, 시와시학사, 2005년

푸른 바다에는 고래가 있어야지
고래 한마리 키우지 않으면
청년이 아니지

• 2011년 겨울

푸른 바다에 고래가 없으면
푸른 바다가 아니지
마음속에 푸른 바다의
고래 한 마리 키우지 않으면
청년이 아니지

푸른 바다가 고래를 위하여
푸르다는 걸 모르는 사람은
아직 사랑을 모르지

고래도 가끔 수평선 위로 치솟아올라
별을 바라본다
나도 가끔 내 마음속의 고래를 위하여
밤하늘 별들을 바라본다

정호승 〈고래를 위하여〉 | 《외로우니까 사람이다》, 열림원, 1998

눈과 얼음의 틈새를 뚫고
가장 먼저 밀어올리는 들꽃
그게 너였으면 좋겠다

• 2010년 겨울

아직 잔설 그득한 겨울 골짜기
다시금 삭풍 불고 나무들 울다
꽁꽁 얼었던 샛강도 누군가 그리워
바닥부터 조금씩 물길을 열어 흐르고
눈과 얼음의 틈새를 뚫고
가장 먼저 밀어 올리는 생명의 경이
차디찬 계절의 끝을 온몸으로 지탱하는 가녀린 새순
마침내 노오란 꽃망울 머금어 터뜨리는
겨울 샛강, 절벽, 골짜기 바위틈의
들꽃, 들꽃들
저만치서 홀로 환하게 빛나는

그게 너였으면 좋겠다
아니 너다

곽효환 〈얼음새꽃〉 | 《지도에 없는 집》, 문학과지성사, 2010

눈송이처럼 너에게 가고 싶다
머뭇거리지 말고
서성대지 말고

• 2009년 겨울

눈송이처럼 너에게 가고 싶다
머뭇거리지 말고
서성대지 말고
숨기지 말고
그냥 네 하얀 생애 속에 뛰어 들어
따스한 겨울이 되고 싶다
천년 백설이 되고 싶다

문정희 〈겨울 사랑〉 | 《내 몸 속의 새를 꺼내주세요》, 들꽃세상, 1990

아침에는

운명 같은 건 없다

있는 건 오로지, 새날

• 2008년 겨울

아침에는
운명 같은 건 없다
있는 건 오로지
새날
풋기운!

운명은 혹시
저녁이나 밤에
무거운 걸음으로
다가올른지 모르겠으나,
아침에는
운명 같은 건 없다

정현종 〈아침〉 | 《광휘의 속삭임》, 문학과지성사, 2008

삶이란
나 아닌 그 누구에게
기꺼이 연탄 한 장 되는 것

• 2006년 겨울

또 다른 말도 많고 많지만
삶이란
나 아닌 그 누구에게
기꺼이 연탄 한 장 되는 것

방구들 선득선득해지는 날부터 이듬해 봄까지
조선팔도 거리에서 제일 아름다운 것은
연탄차가 부릉부릉
힘쓰며 언덕길을 오르는 거라네
해야 할 일이 무엇인가를 알고 있다는 듯이
연탄은, 일단 제 몸에 불이 옮겨 붙었다 하면
하염없이 뜨거워지는 것
매일 따스한 밥과 국물 퍼먹으면서도 몰랐네
온몸으로 사랑하고 나면
한 덩이 재로 쓸쓸하게 남는 게 두려워
여태껏 나는 그 누구에게 연탄 한 장도 되지 못하였네

생각하면
삶이란
나를 산산이 으깨는 일
눈 내려 세상이 미끄러운 어느 이른 아침에
나 아닌 그 누가 마음 놓고 걸어갈
그 길을 만들 줄도 몰랐었네, 나는

안도현 〈연탄 한 장〉 |《외롭고 높고 쓸쓸한》, 문학동네, 1994

먼동 트는 새벽빛

고운 물살로

당신, 당신이 왔으면 좋겠습니다

• 2003년 겨울(1월)

당신, 당신이 왔으면 좋겠습니다.
곱게 지켜
곱게 바치는 땅의 순결.
그 설레이는 가슴
보드라운 떨림으로
쓰러지며 껴안을,
내 몸 처음 열어
골고루 적셔 채워줄 당신.
혁명의 아침같이,
산굽이 돌아오며
아침 여는 저기 저 물굽이같이
부드러운 힘으로 굽이치며
잠든 세상 깨우는
먼동 트는 새벽빛
그 서늘한 물빛 고운 물살로
유유히.
당신, 당신이 왔으면 좋겠습니다.

김용택 〈섬진강 11 _다시 설레는 봄날에〉 | 《섬진강》, 창비, 1985

까치 한 마리 날아와 우는 아침
어여삐 전해 오는 기별에
환히 밝아오는 따뜻한 겨울빛

• 2003년 겨울(12월)

까치 한 마리 날아와 우는 아침
어여삐 전해 오는 기별에
환히 밝아오는 겨울 빛

먼 산간 마을에는
반가운 사람을 맞이하러
남빛 연기가 길 따라 피어오르고

겨울나무 가지에 쌓인
함박눈이 한 웅큼 떨어져 내릴 때
환한 빛 속으로 날아가는

까치 한 마리
적요한 겨울을 흔들던
꽁지가 나무 가지 우듬지에 새하얗다

김달진 〈겨울아침〉 | 시인의 유고노트에서 발췌

기다리지 않아도 오고

기다림마저 잃었을 때에도 너는 온다

더디게 더디게 마침내 올 것이 온다. 봄.

• 2002년 겨울

기다리지 않아도 오고
기다림마저 잃었을 때에도 너는 온다.
어디 뻘밭 구석이거나
썩은 물 웅덩이 같은 데를 기웃거리다가
한눈 좀 팔고, 싸움도 한 판 하고,
지쳐 나자빠져 있다가
다급한 사연 듣고 달려간 바람이
흔들어 깨우면
눈 부비며 너는 더디게 온다.
더디게 더디게 마침내 올 것이 온다.
너를 보면 눈부셔
일어나 맞이할 수가 없다.
입을 열어 외치지만 소리는 굳어
나는 아무것도 미리 알릴 수가 없다.
가까스로 두 팔을 벌려 껴안아 보는
너, 먼 데서 이기고 돌아온 사람아.

이성부 〈봄〉 | 《우리들의 양식》, 민음사, 1974

아픈 데서 피지 않은 꽃 어디 있으랴

꽃소식 환한 마음 보듬어

희망의 불 지펴 내일을 열자

• 2000년 겨울

이별은 손 끝에 있고
서러움은 먼데서 온다
강 언덕 풀잎들이 돋아나며
아침 햇살에 핏줄이 일어선다
마른 풀잎들은 더 깊이 숨을 쉬고
아침 산그늘 속에
산벚꽃은 피어서 희다
누가 알랴 사람마다
누구도 닿지 않은 고독이 있다는 것을
돌아앉은 산들은 외롭고
마주보는 산은 흰 이마가 서럽다
아픈 데서 피지 않은 꽃이 어디 있으랴
슬픔은 손끝에 닿지만
고통은 천천히 꽃처럼 피어난다
저문 산 아래
쓸쓸히 서 있는 사람아
뒤로 오는 여인이 더 다정하듯이
그리운 것들은 다 산 뒤에 있다
사람들은 왜 모를까 봄이 되면
손에 닿지 않는 것들이 꽃이 된다는 것을

김용택 〈사람들은 왜 모를까〉 | 《그 여자네 집》, 창비, 1998

우리 모두 함께 뭉쳐
경제 활력 다시 찾자

• 1991년 최초의 광화문글판

3부

광화문에서 느끼다
_ 서른다섯, 광화문글판

뚜벅뚜벅, 광화문글판이 걸어온 길

세상 밖으로 나오다

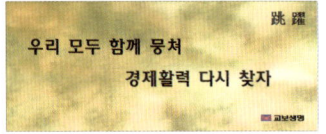
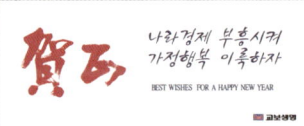
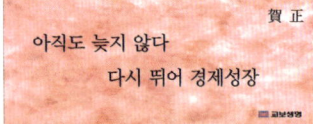
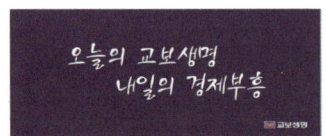
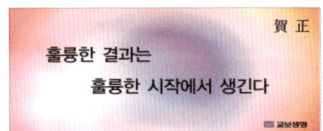
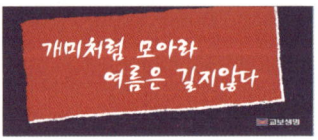

1991-1997

- 신용호 교보생명·교보문고 창립자의 제안으로 시작(1991)
- 사내 창작 문구로 계몽적 메시지 전달

시심詩心이 녹아든 글판으로

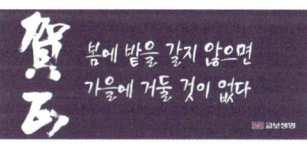

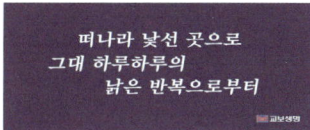

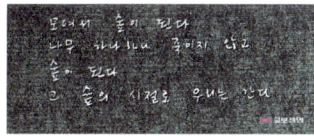

1998-1999

- 시민을 위한 글판으로 재탄생(1998)
- 삶의 희망과 위로를 담은 문구로 변경

비로소 광화문글판이 되다

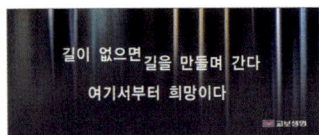

2000-2001

- 광화문글판 문안선정위원회 구성(2000)
- '광화문글판'으로 부르기 시작

새로운 계절이 가장 먼저 시작되는 곳

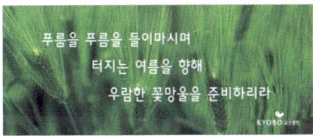
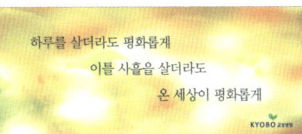
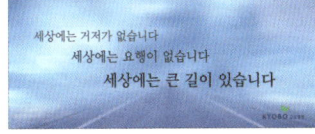
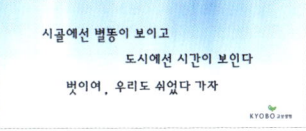
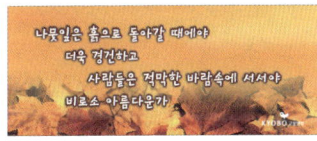
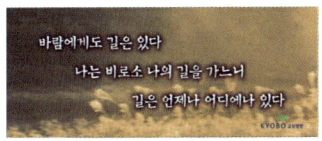
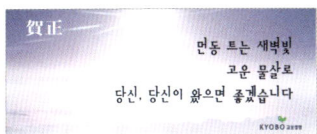
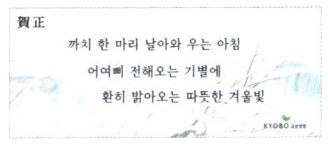

2002-2003

- 월드컵 응원 글판 게시(2002)
- 계절의 변화에 맞춰 정기적으로(3·6·9·12월) 글판 게시 시작(2003)

예술작품으로 재탄생하다

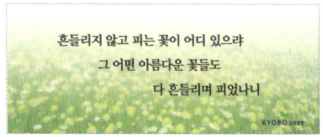
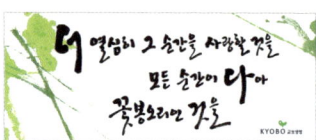

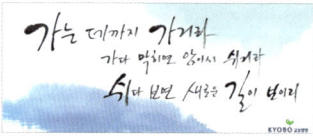

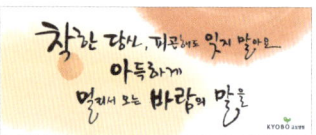
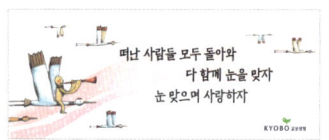
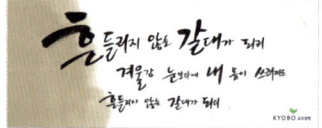

2004-2005

- 글판에 디자인이라는 개념 접목, 하나의 예술작품으로 표현(2004)
- 캘리그래피(손그림글씨)와 같은 감성적 서체 적용(2005)

세상을 비추는 빛이 되다

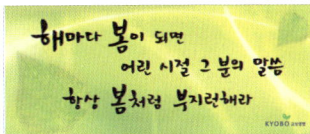
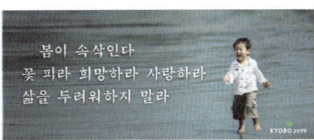
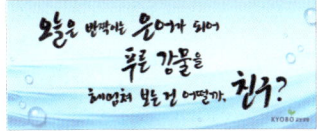

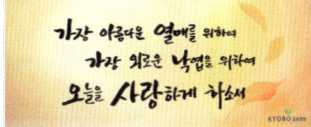
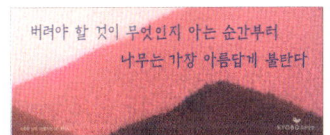
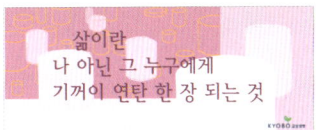

2006-2007

- 광화문글판 시민 문안 공모 시작(2007)
- 광화문글판, 환경재단의 '세상을 밝게 만든 100인'에 선정(2007)

더욱 널리 퍼지는 글판의 희망과 위로

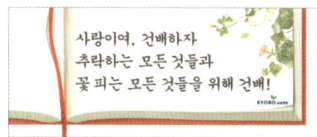
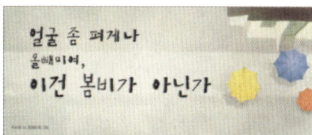
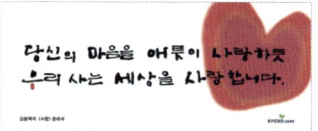
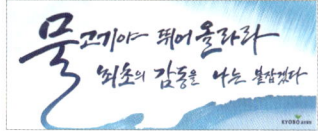
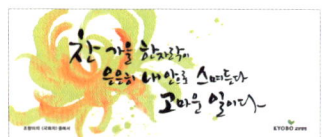
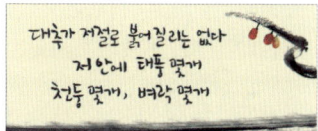
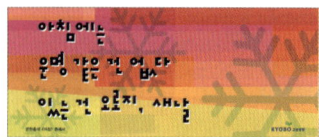
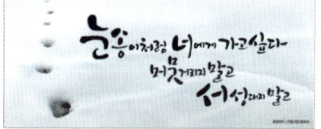

2008-2009

- 광화문글판, 한글문화연대의 '우리말 사랑꾼'에 선정(2008)
- 광화문글판, 제주 사옥 게시 시작(2008)

광화문글판, 문화 아이콘이 되다

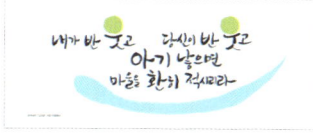 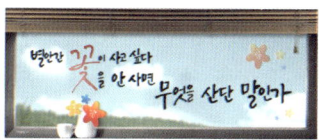
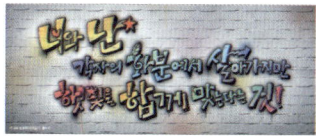 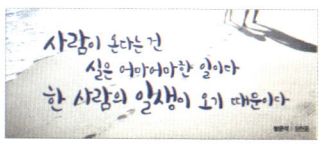
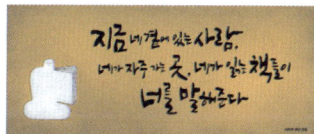 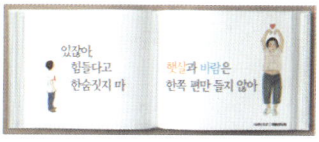
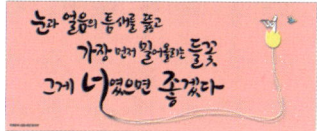 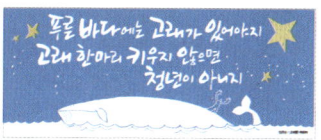

2010-2011

- 한국옥외광고학회 발간 학술지 〈옥외광고학연구〉의 연구 주제로 선정(2010)
- 한국국제교류재단 발간 〈Koreana〉, 서울을 상징하는 문화아이콘으로 광화문글판 선정 (2011)
- 광화문글판 20년 기념 시민이 뽑은 Best 광화문글판 온라인 투표, 정현종 '방문객' 선정 (2010)
- 시민 문안 공모 선정 최초의 글판, 정호승 '고래를 위하여'(2011)
- 20년 기념 글판 모음집 출간(2010)

오래 보아야 사랑스럽다

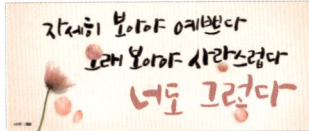 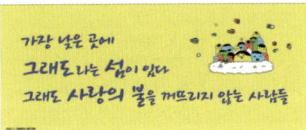

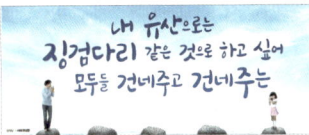 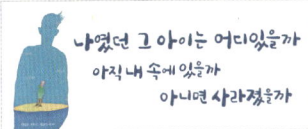

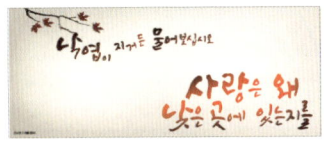 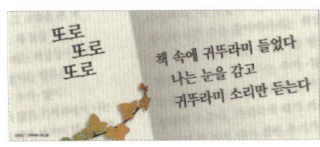

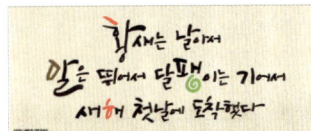 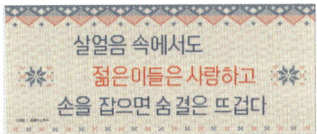

2012-2013

- 《광화문에서 읽다 거닐다 느끼다》 판매 수익금 기탁(푸르메어린이발달재활센터 도서관 건립)(2012)
- 온라인 인문학 서비스 '광화문에서 읽다 거닐다 느끼다' 사이트 오픈(2013)

시민과 함께 희로애락을 나누다

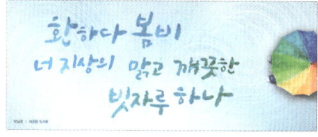
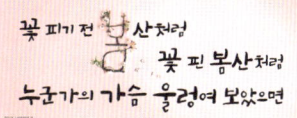
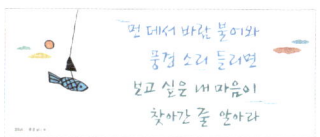

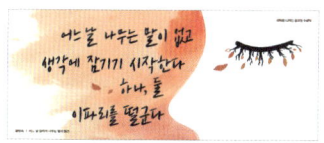
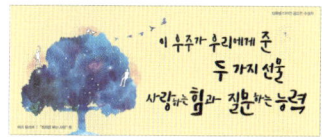

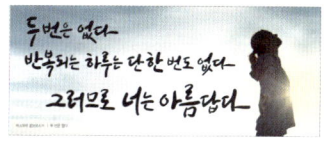

2014-2015

- 광화문글판 대학생 디자인 공모전 개시(2014)
- 광화문글판 대학생 에세이 공모전 개시(2015)
- 광화문글판 25년 공감 콘서트 '그곳에 광화문글판이 있었네' 개최(2015)
- 광화문글판 25년 기념 시민이 뽑은 Best 광화문글판 온라인 투표, 나태주 '풀꽃' 선정(2015)
- 광화문글판 25년 기념 도서 《광화문에서 읽다 거닐다 느끼다》 출간(2015)

더 가깝고 친근하게

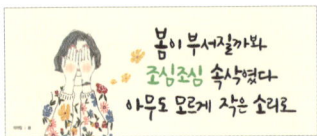
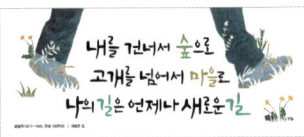
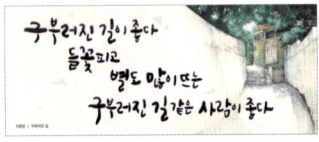

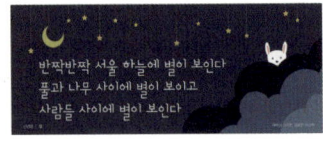
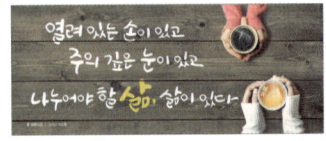
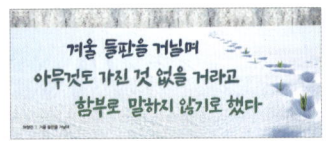

2016-2017

- 《광화문에서 읽다 거닐다 느끼다》 판매 수익금 탄광촌 어린이들을 위한 도서관 조성 기금 기부(2016)
- 《광화문에서 읽다 거닐다 느끼다》 판매 수익금 지역아동센터 인문학 프로그램 운영(2017)

삶의 위로와 영감을 전하는 창구

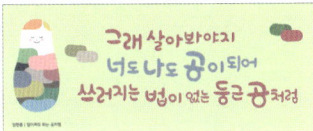
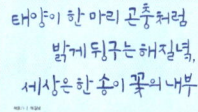

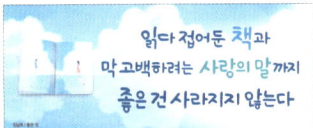
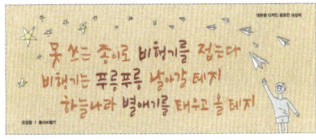
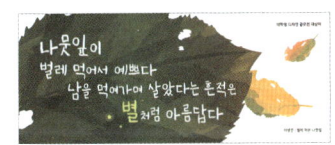
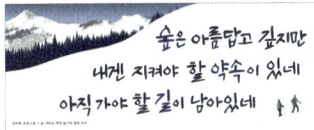
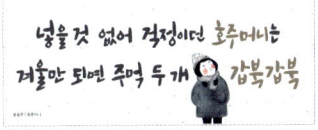

2018-2019

- 《광화문에서 읽다 거닐다 느끼다》 판매 수익금 굿네이버스 인터내셔널 기부(2018)
- 《광화문에서 읽다 거닐다 느끼다》 판매 수익금 초록우산 어린이재단 기부(2019)

세상 풍경 중 제일 아름다운 풍경

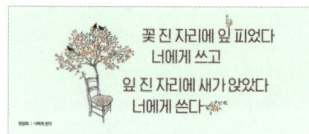 

 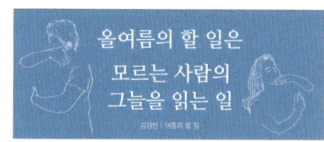

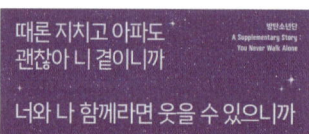 

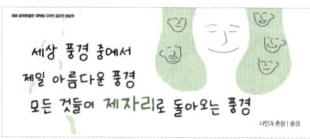

2020-2021

- 광화문글판 30년 기념 '삶의 한 문장, 광화문글판' 공모전 개최(2020)
- 광화문글판 30년 기념 시민이 뽑은 Best 광화문글판 온라인 투표, 나태주 '풀꽃' 선정(2020)
- 광화문글판 30년 특별편 2회 게시-BTS 'RUN', 'A Supplementary Story: You Never Walk Alone'(2020)
- 시민이 추천하고 대학생이 그린 '광화문글판 30년 기념편' 게시(2020)
- 광화문글판 30년 기념 도서 《광화문에서 읽다 거닐다 느끼다》 출간(2020)
- BTS가 직접 참여한 100번째 광화문글판 공개(2021)
- 100번째 글판 기념 '마음을 잇다' 캠페인 개최(2021)
- 학술지 〈종교교육학연구〉에 논문 「외상 후 성장 관점에서 본 광화문글판과 보왕삼매론의 상담적 함의」 게재(2021)

서른 자에 담은 시대의 희망

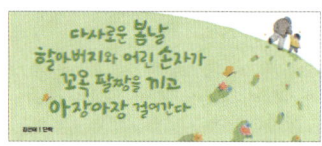

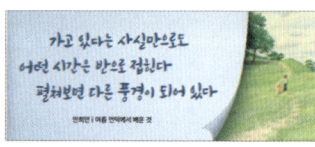
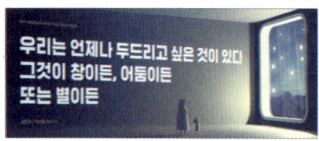
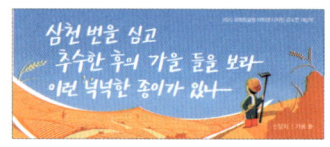
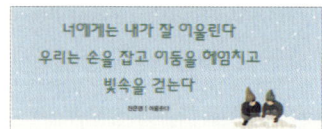
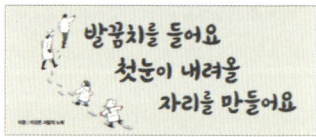

2022-2023

- 광화문글판 폐소재, 친환경 가방으로 업사이클링(2022)
- 김춘수 시인 탄생 100주년 글판 게시(2022)

일상으로 들어온 문학, 광화문글판

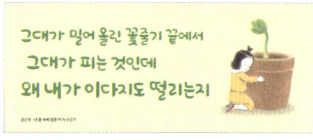
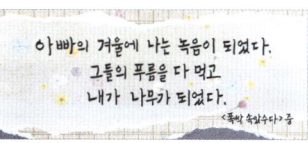
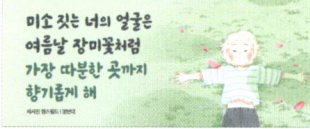
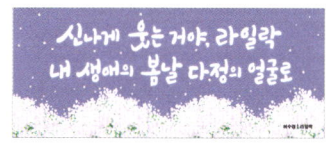

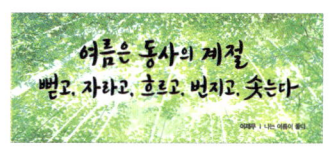
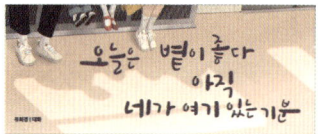

2024-2025

- 광화문글판 35년 기념 '내가 사랑한 광화문글판' 에피소드 공모전 개최(2025)
- 광화문글판 35년 기념 시민이 뽑은 Best 광화문글판 온라인 투표, 장석주 '대추 한 알' 선정 (2025)
- 광화문글판 35년 기념 가정의 달 특별편-넷플릭스 시리즈 '폭싹 속았수다' 광화문편, 제주편 게시(2025)

2009년 봄, 고바야시 잇사 〈무제〉

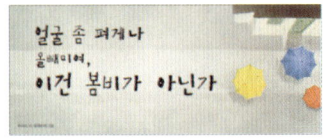

2009년은 큰 전환점이 있는 해였습니다. 직장을 그만뒀고 출산을 해 아가와 함께하게 됐죠. 갑자기 달라진 생활에 정신이 뒤흔들릴 정도로 다른 삶이 시작되었어요. 매일 밤 가위에 눌릴 만큼요. 일이 있어 나온 어느 주말, 광화문은 이전과 달랐어요. 나도 아직 덜 자란 것 같은데 내 품엔 아주 여린 아가가 있었거든요. 상가 창문에 비친 내 모습이 그렇게 싫었어요. 그때 광화문글판이 말했어요. '얼굴 좀 펴게나 올빼미여, 이건 봄비가 아닌가'라고요. 봄비였는데, 저는 항상 마른 땅에만 있었나 봐요. 길에 서서 엉엉 울었습니다. 봄비를 맞았습니다.

2024년 여름, 캐서린 맨스필드 〈정반대〉

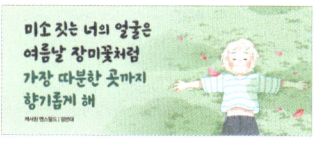

　남자친구와 늦었지만 그만큼 조급한 연애를 시작했을 즈음, 키도 작고 소심했기에 이게 맞는 건가 싶었다. 유일하게 웃는 모습이 예뻐서 내 주제도 모르고 그 사람이 웃을 때마다 후한 평가를 내리곤 했다.

　더운 여름날, 책을 사고 이름이 촌스러운 오래된 경양식집에 데려가 준다기에 투덜거리며 교보빌딩 건물 앞으로 갔다. 그곳에서 '미소 짓는 너의 얼굴은 여름날 장미꽃처럼'이란 글자 아래서 나를 보고 환하게 웃는 그의 얼굴이 향기로운 한 폭의 그림 같았다. 지금 옆에서 코를 골며 자는 그 사람은 이젠 웃기보단 나를 비웃을 때가 더 많지만 그날을 잊을 수 없다.

2024년 겨울, 유희경 〈대화〉

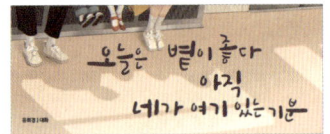

 2024년은 연속된 슬픔으로 힘들던 내가 온전히 쉬기 위한 휴식기였다. 2022년 가을에 아버지가 뇌경색으로, 2023년 가을에 폐동맥 폐쇄로 15개월 된 아기가 하늘나라로 갔다. 나도 따라가야 할 이유가 너무 선명했다. 나를 어찌지 못해 휘청거리며 외로움과 그리움에 사무쳐 맑은 하늘 아래에서도 눈물만 주르륵 흘리던 어느 날 제주시에 있는 광화문글판이 나를 잡아줬다.
 '오늘은 볕이 좋다, 아직 네가 여기 있는 기분'

2023년 봄, 김선태 〈단짝〉

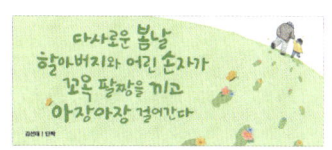

벚꽃이 비처럼 내리던 2023년 어느 봄날, 사랑하는 할아버지를 떠나보냈습니다. 전국을 함께 여행하던 단짝이자 내 유년의 전부였던 사람. 세 살 무렵 어느 양떼목장에서 둘이 손잡고 찍었던 사진을 색이 바랠 때까지 20년간 방에 걸어 두었던 할아버지. 늦깎이 대학 신입생이 되어 매일 지나던 광화문글판에서 '다사로운 봄날 할아버지와 어린 손자가 꼬옥 팔짱을 끼고 아장아장 걸어간다'라는 시인의 문구를 본 순간, 그날의 손길과 봄날이 겹쳐 눈물을 쏟았습니다. 그 글판은 제게 가장 따뜻한 위로이자 작별 인사였습니다.

광화문에 글꽃을 피운 사람들

강은교 1968년 《사상계》 신인문학상으로 등단했다. 시집 《미래슈퍼 옆 환상가게》 《벽 속의 편지》 《봄 무사》 《아직도 못 만져본 슬픔이 있다》 《초록 거미의 사랑》 등을 펴냈다. 산문집으로 《젊은 시인에게 보내는 편지》 《꽃을 들고》 등이 있다. 한국문학작가상, 현대문학상, 정지용문학상, 유심작품상, 박두진문학상, 구상문학상 등을 수상했다.

고은 1958년 《현대문학》으로 문단에 등단했으며 한국문학작가상, 만해문학상, 중앙문화대상, 대산문학상, 만해대상 등 국내 문학상 10여 개를 비롯하여 스웨덴 시카다상, 노르웨이 비외르손 훈장 등을 받았다. 저서로 《허공》 《고은 전집》(총 38권) 등 1백여 종이 있다.

곽효환 1996년 〈세계일보〉에 〈벽화 속의 고양이 3〉을, 2002년 1월 《시평》 겨울호에 〈수락산〉 외 5편을 발표하며 등단하였다. 시집으로 《인디오 여인》 《지도에 없는 집》 《슬픔의 뼈대》 《너는》 등이 있으며, 《이용악전집》 《너는 내게 너무 깊이 들어왔다》 등을 편찬하였다.

김경인 2001년 《문예중앙》 신인문학상을 통해 등단했다. 시집으로 《한밤의 퀼트》 《얘들아, 모든 이름을 사랑해》 《일부러 틀리게 진심으로》가 있다.

김광규 1975년 계간 《문학과지성》을 통해 등단했다. 녹원문학상, 김수영문학상, 편운문학상, 대산문학상, 이산문학상을 수상했다. 시집 《크낙산의 마음》 《좀팽이처럼》 《물길》 《가진 것 하나도 없지만》, 시선집 《희미한 옛사랑의 그림자》 《누군가를 위하여》, 산문집 《육성과 가성》 《천천히 올라가는 계단》 등을 펴냈다.

김규동 1948년 《예술조선》을 통해 등단했다. 1951년 박인환, 김경린 등과 함께 《후반기》 동인으로 활동했으며 자유실천문인협의회, 한국민족예술인총연합, 민족문학작가회의 고문 등을 역임하면서 민족문학 진영을 이끌어왔다. 은관문화훈장을 수훈했고 만해문학상을 수상했다. 저서로 시집 《나비와 광장》 《깨끗한 희망》 《느릅나무에게》 등이 있다.

김남조 1950년 〈연합신문〉에 시 〈성수〉 〈잔상〉 등을 발표하며 등단, 1953년 첫시집

《목숨》을 출판하면서 본격적인 활동을 개시했다. 한국시인협회상, 서울시문화상, 대한민국예술원상, 3·1문화상, 만해대상, 일본지구문학상 등을 받았다. 시집 《목숨》《사랑초서》《바람세례》《귀중한 오늘》 등과 산문집, 콩트집, 편저·논문 등이 있다.

김달진 1929년 《문예공론》에 시 〈잡영수곡〉을 첫 작품으로 발표했다. 1930년대에는 《시원》《시인부락》, 광복 후에는 《죽순》 등의 시 전문지에 동인으로 참여했다. 시집 《청시》를 비롯하여 시전집 《올빼미의 노래》, 장편 서사시 〈큰 연꽃 한 송이 피기까지〉, 선시집 《한 벌 옷에 바리때 하나》, 수상집 《산거일기》 등의 저서를 남겼다.

김사인 1981년 《시와 경제》 동인 결성에 참여하면서 시를 발표하기 시작했으며, 1982년 무크 《한국문학의 현단계》를 통해 평론도 쓰기 시작했다. 시집으로 《밤에 쓰는 편지》《가만히 좋아하는》《어린 당나귀 곁에서》, 편저서로 《박상륭 깊이 읽기》《시를 어루만지다》 등이 있다. 현대문학상, 대산문학상, 임화문학예술상, 지훈상 등을 수상했다.

김선우 1996년 《창작과비평》에 〈대관령 옛길〉 등 10편의 시를 발표하며 작품 활동을 시작했다. 시집 《내 혀가 입 속에 갇혀 있길 거부한다면》《내 몸속에 잠든 이 누구신가》《녹턴》 등을, 장편소설 《물의 연인들》《발원: 요석 그리고 원효》 등을, 산문집 《김선우의 사물들》《어디 아픈 데 없냐고 당신이 물었다》 등을 펴냈다. 현대문학상, 천상병시문학상, 고정희상, 발견문학상 등을 받았다.

김선태 1993년 〈광주일보〉 신춘문예와 《현대문학》을 통해 등단했다. 시집으로 《살구꽃이 돌아왔다》《그늘의 깊이》《짧다》 등이, 평론집으로 《시 읽기의 매혹》《진정성의 시학》 등이 있다. 애지문학상, 전라남도문화상, 시작문학상, 송수권시문학상, 영랑시문학상 등을 수상했다.

김소월 1920년 〈낭인의 봄〉〈야의 우적〉 등 5편을 소월이라는 필명으로 동인지 《창조》에 발표하며 등단했다. 1925년에 펴낸 《진달래꽃》은 시인이 생전에 낸 유일한 시집이다. 1934년 32세의 나이에 스스로 목숨을 끊었고, 1939년 스승 김억이 엮은 《소월시초》가 발간됐다. 1977년 《문학사상》 11월호에 미발표 소월 자필 유고시 40여 편이 발굴, 게재되었다.

김승희 1973년 〈경향신문〉 신춘문예에 〈그림 속의 물〉이 당선돼 등단했다. 첫 시집 《태양미사》를 비롯해 《왼손을 위한 협주곡》《그래도라는 섬이 있다》《도마는 도마 위에서》 등을 펴냈다. 소월시문학상, 고정희상을 수상하였다.

김영일 1934년 〈매일신보〉 신춘문예에 동요 〈반딧불〉이 당선되었고, 이듬해 《아이생활》에 동요 〈방울새〉가 당선되면서 등단하였다. 저서로 동시집 《다람쥐》, 동요집 《소년기마대》, 동화집 《푸른 동산의 아이들》 《별 하나 나 하나》, 농요농시집 《봄농산에 오르면》 등이 있다. 대한민국아동문학상, 이주홍아동문학상 등을 받았다.

김용택 1982년 창비 21인 신작시집 《꺼지지 않는 횃불로》에 〈섬진강 1〉 외 8편을 발표하면서 작품 활동을 시작했다. 1986년 김수영문학상을, 1997년 소월시문학상을 수상했다. 시집으로 《섬진강》 《맑은 날》 《그래서 당신》 등이 있고, 산문집으로 《작은 마을》 《그리운 것들은 산 뒤에 있다》 《섬진강 이야기》 《인생》 등이 있다.

김종삼 1953년 《신세계》에 〈원정〉을 발표하며 등단했다. 1957년 전봉건, 김광 등과 3인 연대시집 《전쟁과 음악과 희망과》를, 1968년 문덕수, 김광림과 3인 연대시집 《본적지》를 발간했다. 시집 《십이음계》 《시인학교》 《북치는 소년》 《누군가 나에게 물었다》 등이 있다.

김춘수 1946년 광복 1주년 기념시화집 《날개》에 〈애가〉를 발표하며 작품 활동을 시작했다. 시집으로 《늪》 《기》 《꽃의 소묘》 《부다페스트에서의 소녀의 죽음》 《처용》 《꽃을 위한 서시》 《너를 향하여 나는》 등이 있다. 한국시인협회상, 대한민국예술원상을 수상했으며 은관문화훈장을 수훈했다.

김현승 1934년 〈쓸쓸한 겨울 저녁이 올 때 당신들은〉과 〈어린 새벽은 우리를 찾아온다 합니다〉를 〈동아일보〉에 발표하며 등단했다. 1955년 전라남도 제1회 문화상 문학 부문을, 1973년 서울특별시문화상 문학 부문을 수상했다. 저서로 《김현승 시선집》 《옹호자의 노래》 《견고한 고독》 《절대고독》 《마지막 지상에서》 《고독과 시》 등이 있다.

나태주 1971년 〈서울신문〉 신춘문예를 통해 문단에 데뷔했다. 1973년 첫 시집 《대숲 아래서》를 시작으로 《빈손의 노래》 《사랑하는 마음 내게 있어도》 《울지마라 아내여》 《한들한들》 《꽃을 보듯 너를 본다》 등을 펴냈다. 흙의문학상, 현대불교문학상, 시와시학상, 향토문학상, 한국시인협회상, 정지용문학상, 공초문학상 등을 수상했고 황조근정훈장을 수훈했다.

도종환 1980년대 초 동인지 《분단시대》에 〈고두미 마을에서〉 등 5편의 시를 발표하며 작품 활동을 시작했다. 제8회 신동엽 창작기금, 제7회 민족예술상, 현대 충북 예술상, 거창평화인권문학상, 정지용문학상 등을 수상했다. 시집으로 《접시꽃 당신》 《내가 사랑하는 당신은》《당신은 누구십니까》《사람의 마을에 꽃이 진다》《부드러운 직선》《슬픔의 뿌리》 등이 있다.

마종기　1959년 박두진 시인의 추천으로 《현대문학》을 통해 등단했다. 시집 《마흔두 개의 초록》《천사의 탄식》《안 보이는 사랑의 나라》《우리는 서로를 부르는 것일까》 등을 펴냈다. 한국문학작가상, 편운문학상, 이산문학상, 동서문학상, 현대문학상, 박두진문학상, 대산문학상, 현대문학상을 수상했다.

문정희　1969년 《월간문학》으로 등단했다. 현대문학상, 소월시문학상, 정지용문학상 등을 수상했고, 2004년 마케도니아 테토보 세계문학 포럼에서 〈분수〉로 올해의 시인상, 2008년 한국예술평론가협회 선정 올해의 최우수 예술가상 문학 부문 등을 수상했다. 시집으로 《찔레》《오라, 거짓 사랑아》《양귀비꽃 머리에 꽂고》《지금 장미를 따라》 등이 있다.

박남준　1984년 《시인》에 시를 발표하며 작품 활동을 시작했다. 전주시 예술가상, 거창 평화인권문학상, 천상병문학상 등을 수상했다. 시집 《세상의 길가에 나무가 되어》《풀여치의 노래》《다만 흘러가는 것들을 듣는다》와 산문집 《작고 가벼워질 때까지》《별의 안부를 묻는다》《꽃이 진다 꽃이 핀다》《박남준 산방 일기》 등이 있다.

박재삼　1955년 《현대문학》에 시 〈섭리〉〈정적〉 등이 추천되어 등단하였다. 현대문학 신인상, 문교부 문예상, 인촌상, 한국시협상, 노산문학상, 한국문학작가상, 평화문학상, 중앙시조대상, 조연현문학상 등을 수상했고, 은관문화훈장을 수훈했다. 주요 작품으로 시집 《춘향이 마음》《천년의 바람》《뜨거운 달》, 산문집 《아름다운 삶의 무늬》 등이 있다.

반칠환　1992년 〈동아일보〉 신춘문예에 〈갈 수 없는 그곳〉, 〈가뭄〉으로 등단하였으며, 2002년 서라벌 문학상을 수상했다. 시집 《뜰채로 죽은 별을 건지는 사랑》《웃음의 힘》을 비롯하여 시선집 《누나야》, 시평집 《내게 가장 가까운 신, 당신》, 장편동화 《하늘 궁전의 비밀》《지킴이는 뭘 지키지?》 등을 펴냈다.

백무산　1984년 《민중시》를 통해 작품 활동을 시작했다. 시집 《만국의 노동자여》《동트는 미포만의 새벽을 딛고》《인간의 시간》《길은 광야의 것이다》《초심》《길 밖의 길》《거대한 일상》《그 모든 가장자리》《폐허를 인양하다》 등이 있다. 이산문학상, 만해문학상, 아름다운작가상, 오장환문학상, 임화문학예술상, 대산문학상, 백석문학상 등을 수상했다.

시인과 촌장   대한민국의 포크 밴드. 1981년 하덕규와 오종수가 듀오를 결성한 후, 서영은의 단편소설 〈시인과 촌장〉을 따와서 팀명을 짓고 1집을 발표한다. 그 후 하덕규는 기타리스트 함춘호를 만나 시인과 촌장 2기를 결성하고 1986년 2집 『푸른 돛』, 1988년 3집 『숲』, 2000년 4집 『The Bridge』를 발표했다.

신경림   1956년 《문학예술》로 등단했다. 만해문학상, 한국문학작가상, 이산문학상 등을 수상하였다. 시집으로 《농무》《새재》《가난한 사랑노래》《갈대》《목계장터》《뿔》《낙타》 등이 있으며, 《바람의 풍경》《한밤중에 눈을 뜨면》 등의 산문집이 있다. 어린이들을 위한 《꼬부랑 할머니가》《엄마는 아무것도 모르면서》 등을 펴냈다.

신달자   1972년 《현대문학》에 시를 게재하며 본격적인 창작활동을 시작했다. 시집 《아버지의 빛》《어머니 그 삐뚤삐뚤한 글씨》《오래 말하는 사이》, 산문집 《그대에게 줄 말은 연습이 필요하다》《고백》《나는 마흔에 생의 걸음마를 배웠다》 등이 있다. 대한민국문학상, 시와시학상, 한국시인협회상, 현대불교문학상, 영랑시문학상, 김준성문학상과 대산문학상을 수상했고, 대한민국 은관문화훈장을 수훈했다.

안도현   1984년 〈동아일보〉 신춘문예에 시가 당선되어 작품 활동을 시작했다. 시와시학 젊은 시인상, 소월시문학상, 노작문학상, 이수문학상, 윤동주상, 백석문학상 등을 수상했다. 시집 《서울로 가는 전봉준》《모닥불》《외롭고 높고 쓸쓸한》《아무것도 아닌 것에 대하여》 등과 동시집 《나무 잎사귀 뒤쪽 마을》《남남》 등을 펴냈다.

안희연   2012년 창비신인시인상을 수상하며 작품 활동을 시작했다. 시집으로 《너의 슬픔이 끼어들 때》《밤이라고 부르는 것들 속에는》《여름 언덕에서 배운 것》《당근밭 걷기》, 산문집으로 《단어의 집》《당신이 좋아지면, 밤이 깊어지면》 등이 있다. 신동엽문학상을 수상했다.

오장환   1933년 15세의 어린 나이로 《조선문학》에 시 〈목욕간〉을 발표하면서 등단했다. 1937년 첫 시집 《성벽》을 시작으로 《헌사》《병든 서울》《나 사는 곳》을 발간했다. 해방 이후 월북하여 북한에서도 작품 활동을 이어나가며 시집 《붉은 기》를 펴냈다. 1988년 납·월북 작가의 해금 조치 후 남한에서 《오장환 전집》이 간행되고 그의 미발표 유고인 〈전쟁〉〈황무지〉가 발굴·공개되었다.

유희경 2008년 〈조선일보〉 신춘문예로 등단해 시인으로 활동을 시작했다. 시집 《오늘 아침 단어》《당신의 자리-나무로 자라는 방법》《우리에게 잠시 신이었던》, 산문집 《반짝이는 밤의 낱말들》《세상 어딘가에 하나쯤》 등을 펴냈다. 현대문학상을 수상한 바 있다.

윤동주 15세 때부터 시를 쓰기 시작해 《가톨릭소년》에 여러 편의 동시를, 〈조선일보〉와 〈경향신문〉 등에 시를 발표했다. 문예지 《새명동》 발간에도 참여하였다. 1943년 독립운동을 모의한 사상범으로 일본 경찰에 체포되어 후쿠오카 형무소에서 복역하다 광복을 여섯 달 앞둔 1945년 2월 16일 옥사하여 고향 용정에 묻혔다. 1948년 유고 31편이 수록된 《하늘과 바람과 별과 시》가 처음으로 간행되었다.

이동규 1931년 12월 《아등》에 벽소설 〈벙어리〉를 발표하고, 1932년 카프에 가입하면서 본격적인 문학 활동을 시작했다. 이후 소설가이자 극작가, 아동문학가, 평론가로서 활발히 활동했다. 작품으로 희곡 〈낙랑공주〉, 장편소설 《대각간 김유신》 등이 있다. 1946년 초반 월북해 〈눈〉〈좀〉 등과 북한의 현실과 남한의 현실을 대비시키는 〈그의 승리〉〈그 전날 밤〉 등의 작품들을 썼다.

이생진 1955년 첫 시집 《산토끼》를 펴내기 시작해 1969년 〈제단〉으로 《현대문학》을 통해 등단했다. 시집 《그리운 바다 성산포》《무연고》 등과 시선집 《그 사람 내게로 오네》《그리운 섬 우도에 가면》, 산문집 《아무도 섬에 오라고 하지 않았다》《시와 살다》 등을 펴냈다. 윤동주문학상, 상화시인상을 수상했다.

이성부 1966년 〈동아일보〉 신춘문예에 《우리들의 양식》이 당선되어 등단했다. 현대문학상, 한국문학작가상, 대산문학상, 편운문학상, 가천환경문학상 등을 수상했다. 시집으로 《우리들의 양식》《백제행》《전야》《빈산 뒤에 두고》《야간 산행》 등과 시선집 《평야》《산에 내 몸을 비벼》《깨끗한 나라》《너를 보내고》 등이 있다.

이시영 1969년 〈중앙일보〉 신춘문예에 시조 〈수〉가, 《월간문학》 신인 작품 공모에 시 〈채탄〉이 당선되며 등단했다. 정지용문학상, 동서문학상, 서라벌문학상, 백석문학상 등을 수상했다. 시집 《만월》《바람 속으로》《피뢰침과 심장》《이슬 맺힌 사랑 노래》《무늬》《사이》 등과 산문집 《곧 수풀은 베어지리라》가 있다.

이용악 1930년대 중반에 등단하여 월북하였던 6.25 당시까지 《분수령》《낡은 집》《오랑캐꽃》《이용악집》 등 4권의 시집을 남겼다. 월북 이후의 작품 활동에 대해서는 알려진 바 없다.

이원 1992년 《세계의 문학》으로 등단했다. 시집으로 《그들이 지구를 지배했을 때》《야후!의 강물에 천 개의 달이 뜬다》《세상에서 가장 가벼운 오토바이》《불가능한 종이의 역사》《사랑은 탄생하라》《나는 나의 다정한 얼룩말》이 있으며, 산문집으로 《산책 안에 담은 것들》《최소의 발견》이 있다. 현대시학작품상, 현대시작품상, 시작작품상, 형평문학상, 시인동네문학상을 수상했다.

이재무 1983년 《삶의 문학》 및 《실천문학》과 《문학과사회》 등을 통해 작품 활동을 시작했다. 시집 《한 사람이 있었다》《슬픔에게 무릎을 꿇다》《저녁 6시》《경쾌한 유랑》《슬픔은 어깨로 운다》 등을 펴냈다. 난고(김삿갓)문학상과 편운문학상, 윤동주상, 한남문학상, 소월시문학상, 유심작품상, 풀꽃문학상, 송수권문학상 등을 수상했다.

이준관 1971년 〈서울신문〉 신춘문예 동시 당선과 1974년 《심상》 신인상 시 당선으로 시와 동시를 써오고 있다. 펴낸 책으로 동시집 《씀바귀꽃》《내가 채송화꽃처럼 조그마했을 때》《쥐눈이콩은 기죽지 않아》가 있고, 시집 《가을 떡갈나무 숲》《천국의 계단》 등이 있다. 대한민국문학상, 방정환문학상, 소천아동문학상, 김달진문학상, 영랑시문학상 등을 수상했다.

이진명 1990년 계간지 《작가세계》에 〈저녁을 위하여〉 외 7편을 발표하면서 작품 활동을 시작했다. 시집 《지상의 울창한 숲들》《밤에 용서라는 말을 들었다》《집에 돌아갈 날짜를 세어보다》《단 한 사람》《세위진 사람》 등이 있다. 일연문학상과 서정시학작품상을 받았다.

장석남 1987년 〈경향신문〉 신춘문예에 〈맨발로 걷기〉가 당선되어 등단했다. 1991년 첫 시집 《새떼들에게로의 망명》으로 김수영문학상을 수상했고 1999년 〈마당에 배를 매다〉로 현대문학상을 수상했다. 《지금은 간신히 아무도 그립지 않을 무렵》《젖은 눈》《왼쪽 가슴 아래께에 온 통증》《미소는, 어디로 가시려는가》 등의 시집을 발표했다.

장석주 1975년 《월간문학》 신인상 공모에 시 〈심야〉가 당선되며 문단에 등단했다. 월간문학 신인상, 해양문학상 등을 수상했다. 시집 《완전주의자의 꿈》《붕붕거리는 추억의 한때》《붉디 붉은 호랑이》 등이 있고, 산문집 《만보객 책 속을 거닐다》《취서만필》《나는 문학이다》 등이 있다.

전봉건　　1950년 《문예》에 〈원〉〈사월〉이 서정주의 추천을 받아 등단했다. 1957년 한국시인협회 창립에 참여했으며 김광림, 김종삼과 함께 3인 시집 《전쟁과 음악과 희망과》를 펴냈다. 1969년 《현대시학》을 창간하기도 했다.

정현종　　1965년 《현대문학》을 통해 문단에 등단했다. 연암문학상, 이산문학상, 현대문학상, 대산문학상, 미당문학상 시 부문을 수상했다. 1972년 첫 시집 《사물의 꿈》을 출간한 이후 《나는 별아저씨》《떨어져도 튀는 공처럼》《사랑할 시간이 많지 않다》《갈증이며 샘물인》 등의 시집을 발표했다.

정호승　　1973년 〈대한일보〉와 1982년 〈조선일보〉 신춘문예에 각각 시와 단편소설이 당선돼 문단에 등단했다. 소월시문학상, 동서문학상, 정지용문학상, 편운문학상 등을 수상했다. 시집 《슬픔이 기쁨에게》《새벽편지》, 시선집 《내가 사랑하는 사람》《흔들리지 않는 갈대》, 동화 《항아리》《모닥불》 등이 있고, 산문집으로 《소년부처》 등이 있다.

정희성　　1970년 〈동아일보〉 신춘문예로 등단했다. 시집 《답청》《저문 강에 삽을 씻고》《한 그리움이 다른 그리움에게》《시를 찾아서》《돌아다보면 문득》《그리운 나무》 등을 펴냈다. 김수영문학상, 불교문학상, 만해문학상, 아름다운작가상, 육사시문학상, 구상문학상을 수상했다.

조병화　　1949년 첫 시집 《버리고 싶은 유산》을 출간하여 시인의 길로 들어섰다. 아세아문학상, 한국시인협회상, 삼일문화상, 대한민국예술원상, 대한민국문학대상을 수상했고 대한민국금관문화훈장, 국민훈장 모란장 등을 수훈했다. 《먼지와 바람 사이》《밤의 이야기》《어머니》 등의 창작시집과 시선집, 시론집, 화집, 산문집 총 160여 권의 저서를 출간했다.

조정권　　1969년 시 〈흑판〉이 박목월의 추천을 받아 《현대시학》 창간 신인 시인으로 등단했다. 녹원문학상, 한국시인협회상, 김수영문학상과 소월시문학상, 현대문학상을 수상했다. 주요 시집으로는 《비를 바라보는 일곱 가지 마음의 형태》《시편》《허심송》《하늘이불》《산정묘지》《신성한 숲》 등이 있다.

조태일　　1964년 〈경향신문〉 신춘문예에 시 〈아침 선박〉이 당선되어 등단했다. 편운문학상, 전라남도문학상, 만해문학상 등을 수상했다. 작품으로는 〈한강〉〈물로 칼을 베는 방법〉〈비내리는 야산〉〈소나기의 울음〉〈해빙〉〈무지개〉 등의 시가 있으며, 시집에는 《가거도》《연가》《자유가 시인더러》《산 속에서 꽃 속에서》 등이 있다.

조향미　1984년 무크지 《전망》을 통해 작품 활동을 시작했다. 시집으로 《길보다 멀리 기다림은 뻗어 있네》《새의 마음》《그 나무가 나에게 팔을 벌렸다》 등을 발표했다.

진은영　2000년 《문학과사회》 봄호에 시를 발표하면서 작품 활동을 시작했다. 시집 《일곱 개의 단어로 된 사전》《우리는 매일매일》《훔쳐가는 노래》《나는 오래된 거리처럼 너를 사랑하고》를 펴냈고, 대산문학상, 현대문학상, 천상병 시문학상, 백석문학상 등을 받았다.

천상병　1952년 《문예》에 〈강물〉〈갈매기〉 등을 추천받은 후 여러 문예지에 시와 평론 등을 발표했다. 《주막에서》《귀천》《요놈 요놈 요 이쁜 놈》 등의 시집과 산문집 《괜찮다 다 괜찮다》, 그림 동화집 《나는 할아버지다 요놈들아》 등이 있다. 그의 미망인이 1993년 글 모음집 《날개 없는 새 짝이 되어》를 펴내면서 유고 시집 《나 하늘로 돌아가네》를 함께 펴냈다.

천양희　1965년 《현대문학》에 시를 발표하며 작품 활동을 시작했다. 소월시문학상, 현대문학상, 대한민국문화예술상, 공초문학상, 박두진문학상, 만해문학상 등을 수상했다. 시집으로 《신이 우리에게 묻는다면》《마음의 수수밭》《오래된 골목》《너무 많은 입》《나는 가끔 우두커니가 된다》, 산문집으로 《시의 숲을 거닐다》《내일을 사는 마음에게》《나는 울지 않는 바람이다》 등이 있다.

채호기　1988년 《창작과비평》 여름호를 통해 등단했다. 시집으로 《지독한 사랑》《슬픈 게이》《밤의 공중전화》《수련》《손가락이 뜨겁다》《레슬링 질 수밖에 없는》이 있으며, 김수영문학상과 현대시작품상을 수상했다. 현재 서울예술대학교 문예학부 교수로 재직 중이다.

최승자　계간 《문학과 지성》에 〈이 시대의 사랑〉 외 4편을 발표하면서 등단했다. 시집 《이 시대의 사랑》《즐거운 일기》《기억의 집》《내 무덤 푸르고》《연인들》 등을 펴냈다.

최하림　1964년 〈빈약한 올페의 회상〉이 〈조선일보〉 신춘문예에 당선되어 문단에 나왔다. 이산문학상, 현대불교문학상, 제2회 올해의 예술상 문학 부분 최우수상을 수상했다. 시집 《우리들을 위하여》《작은 마을에서》《겨울 깊은 물소리》《속이 보이는 심연으로》《때로는 네가 보이지 않는다》와 시선집 《사랑의 변주곡》《햇볕 사이로 한 의자가》 등이 있다.

키비Kebee 짙은 감수성이 묻어나는 가사가 인상적인 힙합 뮤지션이다. 2001년 청소년 문화 센터 '하자센터'에서 만들어진 『Haja Ost Hiphop Project Album』에 〈시작의 시작〉이라는 곡으로 데뷔했다. 또 그해 7월 〈미운 오리의 새끼〉로 KBS에서 열린 힙합대회에서 대상을 수상했다. 대표곡으로는 〈시작의 시작〉〈미운 오리의 새끼〉〈소년을 위로해줘〉 등이 있다.

함민복 1988년 《세계의 문학》에 〈성선설〉 등을 발표하며 등단했다. 이후 시집 《우울씨의 일일》《자본주의의 약속》《모든 경계에는 꽃이 핀다》 등을 펴냈다. 김수영문학상, 오늘의 젊은 예술가상, 박용래문학상, 애지문학상, 윤동주문학대상을 수상하였다.

허형만 1973년 《월간문학》과 1978년 《아동문예》로 작품 활동을 시작했다. 한국예술상, 펜문학상, 문병란문학상, 영랑시문학상, 한국시학상, 윤동주문학상 편운문학상, 한성기문학상, 월간문학동리상, 광주문화예술대상, 순천문학상 등을 수상하였다. 시집 《청명》《영혼의 눈》《가벼운 빗방울》《불타는 얼음》《황홀》《바람칼》《음성》《만났다》 등을 펴냈다.

황인숙 〈경향신문〉 신춘문예에 〈나는 고양이로 태어나리라〉가 당선되어 등단했다. 시집 《새는 하늘을 자유롭게 풀어놓고》《자명한 산책》《우리는 철새처럼 만났다》《리스본행 야간열차》 등이 있다. 산문집 《나는 고독하다》《인숙만필》《육체는 슬퍼라》 등을 펴냈다. 동서문학상과 김수영문학상을 수상했다.

허수경 1987년 《실천문학》에 〈땡볕〉 외 4편을 발표하며 등단했다. 시집으로 《슬픔만한 거름이 어디 있으랴》《빌어먹을, 차가운 심장》《누구도 기억하지 않는 역에서》《혼자 가는 먼 집》 등을 펴냈다. 산문집 《가기 전에 쓰는 글들》《그대는 할말을 어디에 두고 왔는가》 등이 있다. 동서문학상, 전숙희문학상, 이육사문학상을 수상했다.

BTS RM, 진, 슈가, 제이홉, 지민, 뷔, 정국으로 구성된 그룹이다. 2013년 싱글앨범 『2 COOL 4 SKOOL』로 데뷔했다. 멤버들의 이야기를 음악으로 들려주며 그룹만의 정체성을 구축해 나가며 인종과 계층, 세대를 뛰어넘어 전 세계에서 사랑받고 있다. 2020년 9월 한국 최초 빌보드 메인 싱글 차트인 '핫 100' 정상에 오르며 K팝의 새 역사를 썼다.

고바야시 잇사小林一茶 15세에 출항해 25세에 당시 에도에서 하이쿠로 명성을 날리던 치쿠아竹阿라는 사범의 문하생으로 들어가 하이쿠를 배웠다. 마쓰오 바쇼松尾芭蕉, 요사 부손与謝蕪村과 함께 일본 에도시대 3대 하이쿠 시인으로 이름을 떨쳤다. 전국을 유랑하며 서민들의 애환을 대변하는 작품 활동을 펼치다 1827년에 세상을 떠났다.

로버트 프로스트 Robert Frost　　첫 시집 《소년의 의지》를 출판하면서 시인의 길을 시작했다. 이후 《보스턴 북쪽》《산간》《뉴햄프셔》 등을 펴냈다. 1936년 《산 너머 산》, 1942년 《표지나무》로 퓰리처상을 수상했다.

메리 올리버 Mary Oliver　　14살 때 시를 쓰기 시작하여 1963년에 첫 시집 《항해는 없다 외(No Voyage and Other Poems)》를 발표했다. 1984년 《미국의 원시(American Primitive)》로 퓰리처상을, 1992년 《기러기》로 전미도서상을 받았다. 산문집 《완벽한 날들》《긴 호흡》《휘파람 부는 사람》을 펴냈다.

비스와바 쉼보르스카 Wislawa Szymborska　　1945년 〈폴란드 일보〉에 시 〈단어를 찾아서〉를 발표하며 등단한 뒤, 첫 시집 《우리가 살아가는 이유》부터 《여기》에 이르기까지 12권의 시집을 출간했다. 타계 직후인 2012년 4월 미완성 유고시집 《충분하다》가 출판되었다. 독일 괴테 문학상, 폴란드 펜클럽 문학상 등을 받았으며, 1996년 노벨문학상 수상의 영예를 안았다.

시바타 도요柴田 トヨ　　아들의 권유로 92세에 처음 시를 쓰기 시작했다. 99세에 출간한 첫 시집이 일본에서 베스트셀러가 되며 널리 알려졌다. 100세가 넘는 삶을 살면서 깨달은 사랑과 희망을 완숙한 시선으로 노래한다. 시집으로 《약해지지 마》와 《약해지지 마-두 번째 이야기》가 있다.

알프레드 테니슨 Alfred Tennyson　　대학에 들어가기도 전인 1827년 《두 형제 시집(Poems by Two Brothers)》을 익명으로 내놓았다. 이후 《시집》 1, 2권과 《왕녀(The Princess)》로 명성을 떨쳤다. 1850년에는 걸작 《인 메모리엄》을 출판했으며, W.워즈워스의 후임으로 계관시인이 됐다. 그 후에도 《모드(Maud)》《국왕목가(國王牧歌, Idylls of the King)》《이녹 아든》 등으로 국민적 인기를 누렸다.

요한 괴테 Johann Wolfgang von Goethe　　1749년 프랑크푸르트암마인에서 태어나 라이프치히대학에서 수학했다. 1774년 《젊은 베르테르의 슬픔》으로 일약 문단에서 이름을 떨쳤다. 이후 극작가, 화가, 변호사 등 다방면으로 활약했다. 저서로는 일생의 역작 《파우스트》를 비롯해, 《빌헬름 마이스터의 편력시대》《마리엔바더의 비가》《시와 진실》 등이 있다.

이솝Aesop　　동물들을 등장시켜 우회적으로 인생지혜를 전하는 《이솝우화》의 작자로 알려져 있다. 헤로도토스에 따르면 이솝은 기원전 6세기 사람으로, 사모스 사람 이아도몬의 노예였으며 델포이에서 살해됐다고 한다. 그보다 좀 뒤의 기록에는 그가 프리기아인이라는 것과 그가 살해당한 원인 등이 좀 더 뚜렷이 드러나 있으나 그 진위는 분명치 않다.

캐서린 맨스필드 Katherine Mansfield　　뉴질랜드 태생의 영국 소설가로 1914년까지 《리듬》《블루 리뷰》 등에 단편을 발표했고, 1920년에 발표한 단편선 《환희》로 확고한 명성을 얻었다. 작품으로 《가든 파티》《프렐루드》《차 한 잔》《뭔가 유치하지만 매우 자연스러운》 등이 있다.

파블로 네루다 Pablo Neruda　　라틴아메리카 문학을 대표하는 시인이며 20세기 세계 최고의 시인 중 한 명으로 평가받는다. 19세 때인 1924년 첫 시집 《스무 편의 사랑의 시와 한 편의 절망의 노래》를 냈다. 1971년 노벨문학상을 수상했다. 저서로 《지상의 거처 1, 2, 3》《모두의 노래》《기본적인 것들에 바치는 송가》《무훈의 노래》《이슬라 네그라의 추억》 등의 시집을 냈다.

폴 엘뤼아르 Paul Eluard　　프랑스의 시인으로 1917년 《의무와 불안(Le Devoir et l'Inquiétude)》을 발간했다. 《고통의 도시(Capitale de la douleur)》《시와 진실(Poésie et Vérité)》《독일군의 주둔지에서(Au rendez-vous allemand)》《교훈(Une leçon morale)》《불사조(Le Phénix)》를 비롯한 많은 시집을 냈다.

헤르만 헤세 Hermann Hesse　　튀빙겐의 서점 직원으로 근무하며 낭만주의 문학에 심취, 1899년 처녀시집 《낭만의 노래》와 산문집 《자정 너머 한 시간》을 출판해 릴케에게 인정받으며 시인으로 입신했다. 장편소설 《페터 카멘친트》로 확고한 문학적 지위를 얻었고, 《유리알 유희》로 1946년 노벨문학상을 수상했다. 주요 작품으로 《수레바퀴 밑에서》《게르트루트》《크눌프》《데미안》 등이 있다.

이 책에는 아래와 같은 저작권물이 저작권관리자의 허가를 받고 사용되었습니다.

KOMCA 승인필

〈RUN〉
작사·작곡 | Pdogg, "hitman"bang, RM, SUGA, V, Jung Kook, j-hope
노래 | 방탄소년단(BTS)

〈자취 일기〉
작사 | 베이삭
작곡 | 신동갑
노래 | 키비

광화문에서 읽다 거닐다 느끼다

초판 1쇄 발행 2010년 10월 23일
개정판 1쇄 발행 2015년 8월 7일
개정증보판 1쇄 발행 2020년 10월 1일
개정증보 2판 1쇄 발행 2025년 10월 31일

엮은이 광화문글판 문안선정위원회
펴낸이 허정도
편집장 임세미
책임편집 정혜림 디자인 박지은
마케팅 신대섭 김수연 배태욱 김하은 이영조 제작 조화연

펴낸곳 주식회사 교보문고
등록 제406-2008-000090호(2008년 12월 5일)
주소 경기도 파주시 문발로 249 (10881)
전화 대표전화 1544-1900 주문 02)3156-3665 팩스 0502)987-5725

ISBN 979-11-7061-325-1 (03810)

- 책 값은 표지에 있습니다.
- 이 책의 내용에 대한 재사용은 저작권자와 교보문고의 서면 동의를 받아야만 가능합니다.
- 잘못된 책은 구입하신 곳에서 바꾸어 드립니다.